성령으로 살다

성령으로 살다

발행 2020년 12월 4일

지은이 고명진
발행인 윤상문
디자인 이보람, 박진경
발행처 킹덤북스
등록 제2009-29호(2009년 10월 19일)
주소 경기도 용인시 기흥구 동백동 622-2
문의 전화 031-275-0196 팩스 031-275-0296

ISBN 979-11-5886-195-7 (03230)

Copyright ⓒ 2020 고명진
이 책은 저작권법에 따라 보호받는 저작물이므로 무단전재와 복제를 금지하며,
이 책의 내용의 전부 또는 일부를 이용하려면 반드시 저작권자와 킹덤북스의
서면 동의를 받아야 합니다.

※ 잘못된 책은 구입하신 곳에서 교환하여 드립니다.
※ 책 가격은 표지 뒷면에 있습니다.

킹덤북스(Kingdom Books)는 문서사역을 통해 하나님의 나라를 확장하고,
한국 교회와 세계 교회를 섬기고자 설립된 출판사입니다.

성령으로 산다는 것은 무엇인가?

성령으로 살다
Holy Spirit

고명진 지음

킹덤북스
Kingdom Books

목차

프롤로그   6

· 1부 ·
성령, 삶에 살다   11

chapter 01   성령으로 거듭난 삶   13
chapter 02   도우시는 성령과 함께하는 삶   33
chapter 03   성령으로 예수님을 증거하는 삶   59

· 2부 ·
성령, 인생에 살다   83

chapter 04   면류관을 향해 가는 인생   85
chapter 05   순종의 길을 걷는 인생   103
chapter 06   편견의 장벽을 무너뜨린 인생   123

· 3부 ·
성령, 공동체에 살다   143

chapter 07   성령으로 탄생한 공동체   145
chapter 08   성령이 충만한 공동체   163
chapter 09   성령의 권능이 나타나는 공동체   183

· 4부 ·
성령, 세상에 살다   203

chapter 10   찬양과 감사로 사는 세상   205
chapter 11   사명으로 사는 세상   225
chapter 12   일사각오로 사는 세상   243

PROLOGUE

사울은 자신의 의도나 방법과는 전혀 다른 모습으로 다메섹에 들어갔습니다. 그가 처음 다메섹을 향할 때는 살기가 등등해서 출발했지만, 다메섹에 들어갈 때는 가장 초라한 모습으로 끌려갔습니다. 사울은 강한 빛으로 말미암아 눈이 멀었고, 앞을 보지 못하는 맹인의 모습으로 사람들 손에 의지하여 다메섹으로 들어가게 되었습니다.

사울은 삼일 동안을 내적 번민과 갈등으로 보내야 했습니다. 자신이 박해하던 예수가 바로 하나님의 아들 메시아라는 것을 인정할 수밖에 없는 시간이었습니다. 이전에 살아오던 모든 방식과 가치와 기준이 송두리째 무너져 내리는 시간을 보낸 것입니다.

그것이 바로 바울이 다메섹에서 경험한 일입니다. 삶이 180도로 전환되는 터닝포인트를 맞은 것입니다. 높아지려 했던 삶에서 이제는 낮은 삶의 자리로 내려가게 되고, 자신을 우선시했던 삶에서 다른 이들을 우선시하는 삶의 태도로 바뀌게 된 것입니다.

더는 자신의 생각과 계산과 계획대로 살 수 없고, 오직 주님의 뜻과 계획대로 살아야 한다는 마음을 갖게 되는 그런 순간을 맞은 것입니다. 주님이 아니고서는 자신은 아무 것도 아니라는 사실을 철저히 깨닫게 된 것입니다.

하나님의 은혜가 사울의 눈을 뜨게 했습니다. 세상의 비늘이 벗겨지고 하늘의 눈이 열린 것입니다. 증오의 비늘이 벗겨지고 사랑의 눈이 떠진 것입니다. 사울은 드디어 주님의 영광을 볼 수 있게 되었습니다.

왜 신령한 것, 영원한 것, 하늘의 것, 참된 것, 가치 있는 것이 보이지 않습니까? 세상의 비늘이 우리 눈을 덮고 있기 때문입니다. 세상에 눈이 어두워져 있기 때문에 하나님의 것이 보이지 않는 것입니다. 세상의 비늘 때문입니다. 육신의 정욕과 안목의 정욕, 이생의 자랑 때문에 진정한 것, 참된 것, 영원한 것, 하나님의 것이 보이지 않는 것입니다.

우리의 영의 눈이 떠지면 세상 사람들이 보지 못하는 것을 보게 될 것입니다. 우리가 그런 것을 보지 못하는 것은 세상 사람과 똑같은 눈을 아직도 그대로 갖고 있기 때문입니다. 하나님의 은혜만이 영의 눈을 뜨게 할 수 있습니다.

다메섹 경험을 통하여 사울은 바울이 되었고, 이전 자신의 경험과 생각과 아집을 버리고, 성령으로 충만하게 되었습니다. 예수 그리스도와 성도들을 향한 미움과 시기와 박해와 핍박의 마음을 비워내고, 예수 그리스도로 충만히 채워질 수 있게 된 것입니다.

우리에게도 성령의 역사를 통해 다메섹과 같은 경험이 필요합니다. 바울처럼 가치관의 전복이 일어나 이전의 삶을 뒤로 하고, 남은 인생을 성령의 충만을 받아 오직 예수 그리스도만을 위해 살아가게 되는 다메섹의 경험이 있길 바랍니다.

'성령으로 살다'는 지난 40여 년의 목회 여정 속에서 성령으로 하지 않으면 아무 일도 할 수 없었던 저의 치열한 목회 현장의 흔적입니다. 또한 삶의 현장에서 눈물겹게 고군분투하는 하나님의 사람들에게 성령 하나님만이 주실 수 있는 특별한 위로를 전하고 싶은 저의 마음이기도 합니다.

각 챕터마다 질문을 만들어 함께 나누도록 준비했습니다. 소그룹이나 목장 모임, 성경 공부를 할 때 함께 사용하면 순간순간 성령님의 세밀한 만지심을 경험하실 것입니다.

마지막으로 40년이 넘는 긴 목회의 여정에 힘이 되어준 사랑하는 가족들과 중앙교회 성도들에게 감사의 마음을 전합니다.

새 일을 행하시는 성령께서 우리 안에 행하실 새 일을 기대하며….

예닮소원 고명진

1부

성령,
삶에 살다

chapter 01

성령으로 거듭난 삶

"그러므로 내가 너희에게 알리노니 하나님의 영으로 말하는 자는 누구든지 예수를 저주할 자라 하지 아니하고 또 성령으로 아니하고는 누구든지 예수를 주시라 할 수 없느니라"
(고린도전서 12:3)

성령으로 거듭난 삶

누구나 어린 시절 동네 어르신들이나 형, 누나들이 들려주던 귀신 이야기 때문에 잠을 설쳤던 기억 하나쯤은 가지고 있을 것입니다. 지금은 거의 찾아보기 어렵지만 예전 시골 마을에는 상엿집이 있었습니다. 동네에 장례가 났을 때 사용하는 상여와 그에 딸린 제구를 넣어두는 곳이 바로 상엿집이었습니다. 그곳은 늘 귀신이 나온다고 하여 어린 시절 두려움의 장소가 되곤 했습니다.

옛날에는 화장실이 집 밖에 있었기 때문에 귀신 이야기를 들은 날이면 밤에 화장실을 가지 못하고 사고를 치는 아이들도 더러 있었습니다. 나라마다 귀신 이야기는 참 다양하기도 한 것 같습니다. 우리나라에 단골로 등장하는 귀신은 단연 처녀귀신이 아닌가 싶습니다. 중국은 강시가 유명하고, 유럽은 드라큘라가 유명합니다.

귀신의 존재를 믿는 사람들이 있는가 하면, 인간이 만들어낸 상상의 산물이라 하여 믿지 않는 사람들도 많이 있습니다. 그런데 성경은 귀신의 존재를 인정하고 있습니다.

신약 성경에는 귀신이라는 단어가 무려 100번 가량 나옵니다. '귀신들려 벙어리 된 자', '귀신들려 무덤 사이에서 자기 몸을 상하게 하는 자', '군대 귀신이 들린 자' 등의 귀신에 관한 이야기가 제법 많이 나옵니다. 그런데 단 한 군데도 귀신에 대한 이야기는 긍정적으로 쓰인 곳이 없습니다. 모두 부정적인 이야기뿐입니다.

귀신은 항상 질병과 연관이 되어 있거나, 인간다운 삶을 훼방하는 존재로 묘사되고 있습니다. 사람들에게 피해를 주거나 다른 사람을 괴롭히는 존재입니다. 그래서 성경은 귀신을 악한 영이라고 표현합니다.

성령으로 사는 사람

반면에 성경은 악한 영과 대치되는 하나님의 영에 대해서도 말씀합니다. 성령입니다. 성령이라는 단어는 신약 성경에 약 191번 등장합니다. 거룩한 영 또는 주의 영이라고도 부릅니다. 그 외에도 예수의 영, 그리스도의 영, 성결의 영 등으로 표현합니다.

성경 속 귀신들린 자들은 귀신이 말하게 하는 대로 말하고, 귀신이 행동하게 하는 대로 행동합니다. 귀신에 의해 통제 당하는 것으로 묘사합니다. 이와는 반대로 성령에 사로잡힌 사람은 성령께서 말하게 하심을 따라 말하고, 성령께서 시키시는 대로 행동한다는 것을 알 수 있습니다.

> "오순절 날이 이미 이르매 그들이 다같이 한 곳에 모였더니 홀연히 하늘로부터 급하고 강한 바람 같은 소리가 있어 그들이 앉은 온 집에 가득하며 마치 불의 혀처럼 갈라지는 것들이 그들에게 보여 각 사람 위에 하나씩 임하여 있더니 그들이 다 성령의 충만함을 받고 성령이 말하게 하심을 따라 다른 언어들로 말하기를 시작하니라" (사도행전 2:1-4)

성경 속 하나님의 사람들은 모두 성령으로 사는 사람들이었습니다. 성령으로 산다는 것은 성령의 다스림을 받는 것을 말합니다. 성령께서 말하게 하시는 대로 말하고, 성령께서 시키시는 대로 행동하는 삶 말입니다.

그렇다면 성령으로 산다는 것의 구체적인 의미는 무엇일까요? 많은 사람들이 성령으로 사는 삶이라고 하면 커다란 능력을 행하고, 놀라운 이적을 보이는 삶을 먼저 떠올립니다. 물론 틀리지 않습니다. 성령으로 말미암아 권능 있는 삶을 살아가게 됩니다.

그러나 그것이 목적이 될 수는 없습니다. 성령께서 우리의 삶을 통해 이루고자 하시는 것은 바로 '예수 그리스도를 제대로 믿는 삶'입니다. 성령은 우리가 예수님을 믿어 하나님의 자녀가 되게 하시고, 더 나아가 예수 그리스도를 온전히 닮은 하나님의 백성으로 만들어 가시기 위해 오신 분이라는 것입니다.

성령으로 아니하고는

예수님을 믿는다는 것은, 그분을 시인하고 인정하는 것입니다. 다시 말해, 예수 그리스도를 구주와 주님으로 영접하는 것을 말합니다. 예수님 중심으로 가치관을 바꾸는 것이며, 삶의 전반에 그분을 주인으로 모시고 사는 것이며, 더 나아가 그분께 모든 것을 맡기고 의탁하는 것이 예수님을 믿는 것이라 할 수 있습니다.

성령께서 하시는 가장 중요한 일이 바로 그것입니다. 성령이 아니면 누구라도 예수님을 구주와 주님으로 영접할 수 없습니다. 그리고 더 나아가 예수님을 믿는 자로서의 삶 또한 살아갈 수 없습니다.

> "그러므로 내가 너희에게 알리노니 하나님의 영으로 말하는 자는 누구든지 예수를 저주할 자라 하지 아니하고 또 성령으로 아니하고는 누구든지 예수를 주시라 할 수 없느니라" (고린도전서 12:3)

예수님을 구주로 고백하고, 자신의 인생의 주님이라고 고백하는 것은 우리의 의지나 노력, 열심과 지식으로 가능한 것이 아닙니다. 성경은 그것이 전적으로 성령께서 역사하실 때 가능한 일이라고 말씀하십니다.

> "이로써 너희가 하나님의 영을 알지니 곧 예수 그리스도께서 육체로 오신 것을 시인하는 영마다 하나님께 속한 것이요 예수를 시인하지 아니하는 영마다 하나님께 속한 것이 아니니 이것이 곧 적그리스도의 영이니라 오리라 한 말을 너희가 들었거니와 지금 벌써 세상에 있느니라"

(요한1서 4:2-3)

성령이 아니면 예수님에 대해 바르게 알 수도 없고, 바르게 고백할 수도 없습니다. 성령은 예수님이 온 인류를 죄에서 구원하시기 위해 오신 하나님이심을 바로 알게 하십니다. 성령으로 아니하면 예수님을 구주와 주님으로 고백할 수 없습니다.

예수님을 믿는다는 것은 단순한 깨달음이나 지적인 동의가 아닙니다. 하나님의 말씀이 곧 진리라는 사실을 인정하는 것이며, 그 말씀을 유일한 삶의 기준과 권위로 삼으며 살아가는 것이 바른 믿음입니다. 머리로 아는 것이 가슴으로 내려와 손과 발로 향할 때 참 믿음이라 할 수 있습니다.

죄인 된 인간은 스스로 하나님의 뜻을 깨달아 그분이 원하시는 삶을 살 수 없습니다. 죄인은 하나님에 대항하는 죄성을 가지고 있습니다. 그렇기 때문에 하나님의 다스림을 받길 거부합니다. 스스로 왕이 되어 자기 마음대로 살아가게 되어 있습니다.

그런 죄인에게 성령께서 역사하시면 자신의 죄인 됨을 깨닫게 됩니다. 자신의 죄가 얼마나 무서운 것인지를 알게 되고 유일한 구원자이신 예수님을 붙들게 됩니다. 스스로 왕의 자리에서 내려와 예수님을 왕으로 모시며, 그분의 말씀에 순종하는 삶을 살기 시작합니다.

그것이 구원입니다. 죄인이 하나님의 백성이 되는 것보다 더 놀라운 기적이 어디 있겠습니까? 죄인으로 태어나 죄 가운데 죽어 영원한 형벌을 받아야 할 존재가 하나님의 자녀가 되어 영생을 선물로 받고 복된 삶을 살게 되는 것보다 더 놀라운 복음은 없습니다. 그 모든 과정 가운데 역사하시는 분이 바로 성령이십니다.

신앙생활의 이유

물고기에게 물이 자연스러운 것처럼, 성도들에게는 교회에 나와 예배하는 것이 그와 같지 않을까 싶습니다. 그렇다 보니 왜 예배를 드리고 신앙생활을 하는 것인지 잘 알지 못한 채 교회에 다니는 분들도 적지 않은 것 같습니다.

제가 중학교 다닐 때 사회 선생님 한 분이 부임해 오셨습니다. 그분은 사범대학을 졸업하고 처음으로 교직 생활을 시작한 분이었는데, 첫 학교가 바로 제가 다니던 중학교였던 것입니다.

어느 날 그 선생님께서 저희 교회에 나오시기 시작했습니다. 처음 신앙생활을 하는 것이라고 했는데 굉장히 열심히 교회에 다니셨습니다. 새벽 예배도 빠지지 않으셨고, 찬양대도 섬기셨습니다. 어떻게 초신자가 저렇게 열심히 신앙생활을 할까 했는데, 알고 보니 교회에 좋아하는 자매가 있었습니다.

결국 사회 선생님은 그 자매와 결혼을 하셨는데, 놀랍게도 그 다음부터 교회에 나오지 않았습니다. 처음부터 목적은 그 자매의 마음을 얻는 데 있었기 때문에, 그 목적이 이루어지자 더 이상 교회에 나올 필요를 느끼지 못했던 것입니다. 겉으로 보기엔 신앙생활에 열심이 있어 보였지만, 잘못된 목적으로 시작된 헛된 열심이었을 뿐입니다.

그런데 교회에 이렇게 잘못된 목적으로 신앙생활 하는 사람들이 적지 않습니다. 병 고치기 위해, 부자 되기 위해, 인생 성공하기 위해 교회에 나옵니다. 선거철만 되면 국회 의원들은 표를 많이 얻기 위해 나옵니다. 그런가 하면 어떤 사람들은 집사 되고, 장로 되는 것이 사업하는 데 도움이 된다고 하여 직분을 받기도 합니다.

물론 예수 그리스도 안에 치유와 회복이 있기에 질병이 치유되기도 하고, 인생에 막힌 문제들이 해결되기도 합니다. 또 좋은 직장에 들어가거나 높은 자리에 오르기도 합니다.

그러나 그런 것이 신앙생활의 목적이 될 수는 없습니다. 그런 것은 다른 종교에도 많이 있습니다. 다른 종교를 믿으면서 우리보다 훨씬 부자로 살고, 더 출세한 사람들도 많습니다. 오히려 교회를 다니면서 건강을 잃거나, 취직에 실패한 성도들도 많습니다. 불치의 병에 걸린 성도들도 있습니다.

세속적 기준의 복을 받기 위해 예수님을 믿는 것이 아닙니다. 예수님을 믿는 것은 그런 것 이상입니다. 세속적 가치가 아닌 영원한 가치, 궁극의 가치를 얻고 누리며 사는 것이 예수님을 믿는 사람들의 모습입니다.

기독교 신앙은 부와 명예와 권세가 해결할 수 없는 문제를 해결해 줍니다. 진리가 무엇인지 깨닫게 하여, 유한한 생명을 넘어 영원한 생명에 이르게 합니다. 그것이 바로 신앙생활의 궁극적인 목적입니다. 왜 신앙생활을 하는지에 대한 바른 목적을 가질 때 비로소 우리의 신앙생활은 좌로나 우로나 치우치지 않을 수 있습니다.

성령으로 거듭나야 한다

신앙생활은 이전의 세상에 속한 삶에서 돌이켜 하나님께 속한 그분의 백성으로 사는 것을 의미합니다. 하나님의 백성으로 다시 태어나지 못한 사람은 결코 바른 신앙생활을 할 수 없습니다. 겉으로 보기엔 똑같이 예배를 드리고 헌금을 하고 때로는 선교를 갈 수도 있습니다.

사람들이 보기엔 분명히 신앙생활인데, 하나님께서 인정하지 않으시는 신앙생활 일 수 있습니다. 구원받아 예수 그리스도를 닮아가는 일과는 전혀 무관한, 자신의 의를 드러내고 종교적인 치장만 하게 되는 신앙생활 일 수 있다는 것입니다. 요한복음 3장에 보면 밤중에 니고데모가 예수님을 찾아와 질문하는 장면이 나옵니다.

> "그런데 바리새인 중에 니고데모라 하는 사람이 있으니 유대인의 지도자라 그가 밤에 예수께 와서 이르되 랍비여 우리가 당신은 하나님께로부터 오신 선생인 줄 아나이다 하나님이 함께 하시지 아니하시면 당신이 행하시는 이 표적을 아무도 할 수 없음이니이다 예수께서 대답하여

> 이르시되 진실로 진실로 네게 이르노니 사람이 거듭나지 아니하면 하나님의 나라를 볼 수 없느니라 니고데모가 이르되 사람이 늙으면 어떻게 날 수 있사옵나이까 두 번째 모태에 들어갔다가 날 수 있사옵나이까 예수께서 대답하시되 진실로 진실로 네게 이르노니 사람이 물과 성령으로 나지 아니하면 하나님의 나라에 들어갈 수 없느니라" (요한복음 3:1-5)

니고데모는 유대인의 지도자로서 산헤드린 공회의 회원이기도 했습니다. 산헤드린은 71인으로 구성되어 있었습니다. 입법, 사법, 행정권을 가지고 있었기 때문에 유대 사회 내에서 막강한 영향력을 행사했습니다. 유대인이라면 산헤드린에서 만든 법을 반드시 따라야 했고, 대제사장과 왕도 그 결정을 따라야 했습니다. 종교뿐 아니라 국가의 중요한 사안까지도 결정할 수 있는 권한을 가졌던 것입니다.

니고데모는 바리새인이기도 했습니다. 바리새인이라는 말은 '분리주의자'라는 뜻을 가지고 있습니다. 다른 사람들보다 더 지혜롭고 성결한 사람이라는 의미를 지닌 것입니다. 그들은 율법을 준수했고, 금식과 기도에 모범을 보였습니다. 구제도 열심히 했습니다. 도덕적으로도 완벽에 가까운 삶을 살았습니다. 매너와 품격이 있어 여성들에게도 존경을 받았습니다.

니고데모는 인생에 더 이상 이룰 것이 없을 정도로 큰 성공을 이룬 사람이었습니다. 부와 명예와 권력 모든 것을 손에 넣은 사람이었습니다. 겉으로 보기에는 완전에 가까운 사람 니고데모였지만, 그는 온전치 못했습니다. 성경은 그가 빛을 가진 자처럼 보이지만, 실상은 어둠에 속한 밤의 사람이었음을 드러내고 있습니다.

예수님은 니고데모에게 거듭나야 한다고 말씀하셨습니다. 하나님의 나라는 세상의 명예와 부와 지혜로 갈 수 있는 곳이 아니라는 것입니다. 율법 준수와 도덕적 삶으로도 갈 수 없습니다. 자신의 노력으로 획득한 그 무엇으로도 안 됩니다. 오직 성령으로 거듭난 자만이 갈 수 있는 곳입니다.

예수님의 말씀을 들은 니고데모는 충격을 받았을 것입니다. 니고데모는 평생 하나님 나라를 기다린 사람입니다. 그가 율법을 철저히 지켰던 이유도, 바리새인으로 구별된 삶을 살았던 이유도 모두 하나님 나라를 기다렸기 때문입니다.

그런데 예수님은 그가 얼마나 율법을 잘 지켰는지, 산헤드린 공회원으로서 얼마나 대단한 업적을 이뤘는지, 바리새인으로서 얼마나 성결하게 살았는지, 얼마나 많은 구제를 했는지를 물어보지 않으셨습니다. 물과 성령으로 거듭나지 않으면 그런 것들이 다 소용없다고 하신 것입니다.

'거듭나다'라는 단어는 '아노덴'(ἄνωθεν)입니다. 이 단어는 '위로부터, 처음부터, 다시'라는 의미를 가지고 있습니다. 영혼의 다시 태어남을 의미합니다. 육은 아래로부터 나지만, 영은 하늘로부터 다시 나는 것입니다. 그것은 오직 성령으로만 가능한 일이라고 주님은 말씀하셨습니다.

'물과 성령'에 대한 해석은 다양합니다. 여러 해석들 가운데 가장 보편적인 견해는 물은 회개를 의미하고, 성령은 예수님을 구주와 주님으로 시인하는 것이라는 해석입니다. 그런데 물과 성령이 무엇인가에 대한 해석보다 중요한 것은 거듭나야 한다는 것입니다.

거듭나는 것은 자신의 노력으로 할 수 있는 것이 아닙니다. 열심히 공부하여 얻을 수 있는 지식 같은 것도 아닙니다. 오직 성령의 역사로만 가능합니다. 성령이 아니고서는 예수님을 구주로 고백할 수 없습니다. 예수님을 주인으로 모시고 사는 것도 불가능합니다.

그런데 생각보다 많은 분들이 신앙생활을 하면서 거듭남에 대해 잘 모릅니다. 신앙생활을 한다는 것이 마치 도덕적이고 윤리적인 사람이 되어가는 것이라고 착각합니다. 신앙생활을 한다는 것이 복을 받아 세속적인 성공을 거두는 데 도움을 주는 것이라고 여깁니다. 하나님께 뭔가 열심을 드려서 그에 걸맞은 대가를 받아내는 것이 신앙생활인 줄 압니다.

그렇지 않습니다. 그런 것들은 자신의 의는 드러내 줄 수 있지만 천국과는 무관한 것들입니다. 하나님 나라를 볼 수도 경험할 수도 없으며, 그 나라의 백성이 되어 영원한 생명을 얻지도 못합니다. 거듭난 신자만이 하나님 나라를 유업으로 받게 됩니다.

거듭남은 사람의 노력과 정성과 열심으로 되는 것이 아닙니다. 교양과 지성과 학식으로도 되지 않습니다. 큰 부와 명예와 권세로도 되지 않습니다. 부의 정도, 지식의 정도, 건강의 정도와 상관없이 오직 성령의 역사로만 예수님을 구주로 시인할 수 있고, 주님으로 영접할 수 있습니다.

복음이 무엇입니까? 복음은 헬라어로 '유앙겔리온'(εὐαγγέλιον)입니다. 복음이라는 말은 원래 기독교만의 용어가 아니었습니다. 사회적으로 먼저 사용되고 있던 정치적인 용어였습니다. 황제가 온다는 소식을 복음이라고 불렀습니다. 황제가 오면 집도 고쳐주고, 음식도 주고, 옷도 주었기 때문입니다.

삶의 여건이 좋아지니 얼마나 좋고 기뻤겠습니까? 그러나 그러한 기쁨은 한시적이었습니다. 영원하지 못했습니다. 새로 고친 집도 세월이 지나면 또 낡아지고, 음식은 곧 떨어지며 옷도 더러워졌습니다. 황제가 세운 나라도 결코 영원할 수 없었습니다. 더 강한 힘을 가진 나라가 생기면 전쟁에서 패하고 역사의 뒤편으로 사라질 수밖에 없었습니다. 이 땅에 영원한 것은 없습니다. 영원한 기쁨은 그 어디에도 없습니다.

오직 한 분 예수 그리스도만이 영원한 기쁨을 주실 수 있는 분이십니다. 얼마나 착한 일을 많이 했는가, 얼마나 도덕적인가, 얼마나 지식이 많은가, 얼마나 부를 많이 소유했는가와 상관없이 오직 그분을 믿음으로 말미암아 영원한 하나님 나라의 자녀가 될 수 있기 때문입니다.

이 땅에서는 비록 돈도 없고, 인기도 없고, 몸은 병약하여 고통스럽고 힘든 삶을 살아도 예수님을 믿음으로 영원한 하나님 나라를 소유할 수 있다는 것보다 기쁜 소식은 없습니다.

하나님의 나라를 보고 하나님의 나라에 갈 수 있다는 것이 복음입니다.
예수 그리스도가 복음입니다. 하나님의 자녀 됨이 복음입니다. 영생이
복음입니다. 지금은 병들고 가난하고 고통 받고 어렵고 힘들게 살아도
내가 예수님을 믿음으로 영원한 천국이 내게 있음을 믿고 확신한다면
그것이 복음인 줄로 믿습니다.

아무리 큰 죄를 지었어도 예수님만 믿으면 하나님 앞에서 그 어떤 죄도
용서를 받을 수 있습니다. 그 어떤 더럽고 추악한 죄인도 예수님만 믿으
면 하나님의 자녀가 될 수 있습니다. 그렇기 때문에 예수 그리스도의 복
음이라고 하는 것입니다.

그 복음을 듣고 예수님을 믿어 새로운 생명으로 다시 태어나 하나님의
자녀가 되는 것이 바로 거듭남입니다. 이 거듭남의 역사는 성령께서 주
시는 것입니다. 성령이 얼마나 중요한 분이신지 모릅니다.

성령으로 변화된 삶

밤중에 예수님을 찾아왔던 니고데모는 어떻게 되었습니까?

> "예수로 말미암아 무리 중에서 쟁론이 되니 그 중에는 그를 잡고자 하
> 는 자들도 있으나 손을 대는 자가 없었더라 아랫사람들이 대제사장들
> 과 바리새인들에게로 오니 그들이 묻되 어찌하여 잡아오지 아니하였느
> 냐 아랫사람들이 대답하되 그 사람이 말하는 것처럼 말한 사람은 이 때

> 까지 없었나이다 하니 바리새인들이 대답하되 너희도 미혹되었느냐 당국자들이나 바리새인 중에 그를 믿는 자가 있느냐 율법을 알지 못하는 이 무리는 저주를 받은 자로다 그 중의 한 사람 곧 전에 예수께 왔던 니고데모가 그들에게 말하되 우리 율법은 사람의 말을 듣고 그 행한 것을 알기 전에 심판하느냐 그들이 대답하여 이르되 너도 갈릴리에서 왔느냐 찾아 보라 갈릴리에서는 선지자가 나지 못하느니라 하였더라" (요한복음 7:43-52)

요한복음 7장에 보면 초막절의 절기 때에 대제사장들과 바리새인들이 하속들을 시켜 예수님을 잡아오게 합니다. 그런데 그들이 예수님을 잡아오지 않고 그냥 왔습니다. 왜 잡아오지 않았느냐고 묻자, '지금까지 그 사람이 말하는 것처럼 말한 사람은 아무도 없었습니다.'라고 대답했습니다.

그러자 바리새파 사람들이 질책하며 말했습니다. '너희도 미혹된 것이 아니냐? 지도자들이나 바리새파 사람들 가운데서 그를 믿은 사람이 어디에 있다는 말이냐? 율법을 알지 못하는 이 무지렁이들은 저주받은 자들이다!'

사람들이 율법에 대해서 제대로 알지 못하고 예수님에게 미혹되어 저주를 받게 되었다고 한 것입니다. 그런데 그때 당돌하게 나서는 한 사람이 있었습니다. 바로 니고데모입니다. 니고데모의 말이 '새번역' 성경에는 이렇게 기록되어 있습니다.

> "우리의 율법으로는, 먼저 그 사람의 말을 들어보거나, 또 그가 하는 일을 알아보거나, 하지 않고서는 그를 심판하지 않는 것이 아니오?" (요한복음 7:51)

니고데모가 예수님을 변호하고 있는 것입니다. 산헤드린 공회원이었던 니고데모가 율법을 변호하고, 바리새인들을 변호하는 것이 아니라 예수님을 변호하는 사람으로 바뀌어 있는 것입니다. 평생 예수님을 위해 살았던 사람이 아닙니다. 예수님의 제자도 아니었습니다. 그런데 그가 자신의 명예와 목숨을 걸고 예수님을 변호하는 자리에 서 있었다는 것입니다.

니고데모의 이야기는 그것으로 끝나지 않습니다. 요한복음의 마지막 부분에 다시 한 번 더 등장합니다.

> "아리마대 사람 요셉은 예수의 제자이나 유대인이 두려워 그것을 숨기더니 이 일 후에 빌라도에게 예수의 시체를 가져가기를 구하매 빌라도가 허락하는지라 이에 가서 예수의 시체를 가져가니라 일찍이 예수께 밤에 찾아왔던 니고데모도 몰약과 침향 섞은 것을 백 리트라쯤 가지고 온지라" (요한복음 19:38-39)

예수님의 시신을 달라고 하는 것은 그의 일행임을 드러내는 것과 다르지 않았습니다. 예수님은 로마의 반역자로 사형을 당한 것이기 때문에, 자칫하면 붙잡혀 갈 수도 있었습니다. 그렇기 때문에 누구도 선뜻 나서서 예수님의 시신을 달라고 하지 못했습니다. 그런데 아리마대 요셉이 빌라도에게 예수님의 시신을 달라고 요청한 것입니다.

그런데 이어지는 내용을 보면 빌라도가 예수님의 시신을 회수하는 것을 허락했을 때, 니고데모가 다시 등장합니다. 몰약과 침향 섞은 것을 백 리트라쯤 가지고 와서 예수님의 장례를 치릅니다.

니고데모는 예수 그리스도를 위해 목숨을 바칠 수 있는 자로 완전히 변화되어 있었던 것입니다. 그것이 어떻게 가능했습니까? 성령으로 말미암아 가능하게 된 것입니다. 니고데모는 성령으로 거듭났고, 성령으로 예수님을 주라 시인할 수 있었던 것입니다.

예배당에 얼마나 오래 다녔느냐가 중요한 것이 아닙니다. 어떤 직분을 받았느냐도 중요하지 않습니다. 얼마나 많은 헌금과 봉사를 하느냐도 중요하지 않습니다. 소위 신앙의 겉치레 말고, 더욱 사모하며 구해야 할 것이 바로 성령입니다. 성령이 임해야 거듭날 수 있고, 성령이 임해야 예수를 주로 시인할 수 있기 때문입니다.

성령 없이는 결코 하나님의 자녀가 될 수 없습니다. 성령이 없이는 결코 하나님이 원하시는 삶을 살 수 없습니다. 성령이 없이는 결코 예수 그리스도를 믿는 믿음으로 살 수 없습니다.

성령을 사모하시길 더욱 사모하시길 바랍니다. 매일의 삶에 성령의 동행하심을 구하시길 바랍니다. 성령으로 말미암아 진짜 거듭난 그리스도인, 예수 그리스도를 진정 구주와 주님으로 모시고 살아가는 참 신자가 되시길 바랍니다.

> **'성령으로 거듭난 삶'에 대해 생각해보기**

01. 성경은 영적인 존재에 대해 어떻게 말씀합니까?

02. 성령이 하시는 일은 무엇입니까(요한복음 3:1-5)?

03. 니고데모는 어떻게 변화되었습니까?

04. 자신에게 이전과는 다른 변화된 모습이 있다면 그것은 무엇입니까?

* **암송 구절** – 고린도전서 12:3

chapter 02

도우시는 성령과
함께하는 삶

"너희가 나를 사랑하면 나의 계명을 지키리라 내가 아버지께 구하겠으니 그가 또 다른 보혜사를 너희에게 주사 영원토록 너희와 함께 있게 하리니 그는 진리의 영이라 세상은 능히 그를 받지 못하나니 이는 그를 보지도 못하고 알지도 못함이라 그러나 너희는 그를 아나니 그는 너희와 함께 거하심이요 또 너희 속에 계시겠음이라 내가 너희를 고아와 같이 버려두지 아니하고 너희에게로 오리라" (요한복음 14:15-18)

도우시는 성령과 함께하는 삶

하나님의 말씀인 성경은 약속의 책입니다. 구약은 옛 약속(Old Testament)이고, 신약은 새로운 약속(New Testament)입니다. 구약은 온 인류의 구세주이신 예수 그리스도가 이 땅에 오실 것을 약속한 책이고, 신약은 이 땅에 오셨다가 승천하신 예수님이 다시 오실 것을 약속한 책입니다. 다시 말해 구약은 오실 메시아를, 신약은 다시 오실 메시아를 이야기하고 있는 것입니다.

구약의 성취로 이 땅에 오신 예수 그리스도께서는 일반적인 인간으로서의 삶을 30년간 사셨습니다. 그리고 하나님의 아들로서의 3년의 공생애를 사셨습니다. 마지막으로 십자가를 지심으로 구속의 역사를 모두 이루시고 죽으셨다가 부활하셨고, 제자들에게 나타나 40일간 하나님 나라를 가르치신 후에 승천하셨습니다.

공관복음서는 동일하게 예수님의 공생애 3년의 시작을 침례 요한에게 침례를 받으시는 장면으로 시작합니다. 예수님께서 침례를 받으실 때, 하늘이 열리고 성령이 비둘기 같이 그 위에 임하셨습니다. 그리고 예수님은 성령에 이끌리어 광야로 나가셨고 그곳에서 마귀에게 시험을 받으셨습니다.

예수님의 공생애는 십자가를 지심으로 마무리 되었습니다. 예수님께서는 십자가를 지시기 바로 전에 마가의 다락방에서 성만찬을 제정하시고 제자들과 말씀을 나누셨습니다. 그 내용이 요한복음 13장부터 16장까지 나오는데, 그 가운데 핵심적인 내용이 14장에 나옵니다.

> "내가 아버지께 구하겠으니 그가 또 다른 보혜사를 너희에게 주사 영원토록 너희와 함께 있게 하리니" (요한복음 14:16)

예수님께서 이 땅에서 육신의 삶을 마감하시기 바로 전에 제자들에게 남기신 유언과도 같은 메시지입니다. 그 말씀을 통해 예수님께서는 제자들에게 '보혜사'를 보내주셔서 영원히 함께하시겠다고 약속하셨습니다.

지상 명령의 완수를 위하여

예수님께서 약속하신 보혜사는 바로 '성령'입니다. 주님이 승천하시면서 성령을 보내주신다고 약속하신 이유가 무엇입니까? 먼저 우리에게 주신 명령을 완수할 수 있게 하시기 위함입니다.

예수님께서는 제자들에게 지상 명령을 주셨습니다. '지상'은 땅 위에서 주신 명령이라는 의미가 아닙니다. 한자가 '이를 지(至)'에 '위 상(上)'입니다. 즉, '반드시 따라야 하는 명령'을 의미합니다.

> "예수께서 나아와 말씀하여 이르시되 하늘과 땅의 모든 권세를 내게 주셨으니 그러므로 너희는 가서 모든 민족을 제자로 삼아 아버지와 아들과 성령의 이름으로 침(세)례를 베풀고 내가 너희에게 분부한 모든 것을 가르쳐 지키게 하라 볼지어다 내가 세상 끝날까지 너희와 항상 함께 있으리라 하시니라" (마태복음 28:18-20)

예수님은 제자들에게 가서 모든 민족을 제자로 삼아 아버지와 아들과 성령의 이름으로 침(세)례를 베풀고 예수님의 가르침을 가르쳐 지키게 하라고 명령하셨습니다. 그리고 명령 뒤에 한 가지를 약속하셨는데, 그것은 바로 세상 끝날까지 항상 함께 하신다는 약속이었습니다.

이 말씀은 예수님께서 부활하신 후 제자들에게 오셔서 하신 말씀입니다. 십자가에 달려 죽으셨다가 부활하신 주님은 사십 일 동안 머무시면서, 제자들에게 모두 열 번 나타나셨습니다. 상식적으로 떠나갈 때, '나는 이제 간다. 내가 분부한 것을 잘 행해라. 내가 다시 오마.'라고 하셔야 합니다. 그런데 예수님은 '나는 간다. 그런데 내가 너희와 항상 함께 있겠다.'고 하십니다. 뭔가 앞뒤가 맞질 않습니다.

떠나가신 주님이 어떻게 제자들과 영원히 함께하실 수 있으십니까? 앞뒤가 맞지 않습니다. 해답은 바로 주님이 약속하신 분에게서 찾을 수 있습니다. 누구입니까? 바로 또 다른 보혜사이신 성령입니다. 성령은 예수 그리스도의 영으로 오시는 분이시기 때문에, 세상 끝날까지 우리와 함께 하신다는 주님의 약속은 성령으로 말미암아 성취될 수 있습니다.

주님이 주신 지상 명령은 우리 스스로의 힘으로 완수할 수 있는 것이 아닙니다. 주님의 도우심이 없이 인간의 힘으로는 결코 그 일을 감당할 수 없습니다. 그렇기에 주님은 제자들에게 성령을 보내주신다고 약속하신 것입니다.

간혹 교회 일을 할 때 자신의 재력이나 경험을 의지하는 사람, 또는 인맥이나 사회적 지위를 의지하는 사람들을 볼 수 있습니다. 처음에는 어느 정도 성과를 내는 것 같지만 이내 탈진하게 되고, 여러 가지 시험 앞에서 무너지는 모습을 보게 됩니다.

복음의 사역은 오직 성령의 능력으로만 감당할 수 있습니다. 성령이 없으면 흉내는 낼 수 있지만 역사는 일으킬 수 없습니다. 성령이 함께해주셔야 죽은 영혼을 살려내는 영혼 구원과 예수 그리스도를 닮게 하는 영적 성숙의 역사가 나타납니다. 성령께서 함께 하셔야 땅끝까지 복음을 전할 수 있습니다.

주님의 뜻을 따르게 하시는 분

주님은 '너희가 나를 사랑하면 나의 계명을 지키리라'라고 말씀하셨습니다. 너희가 나를 사랑한다면 나의 계명을 지켜 그것을 증명해 보라는 협박의 말씀이 아닙니다. 그 반대입니다. 너희가 나를 사랑하면 나의 계명을 지킬 수 있다는 응원의 말씀인 것입니다.

계명이 무엇입니까? 율법입니다. 구약의 율법은 모두 613가지인데, 그 중에 '하라'는 율법이 248가지이고 '하지 말라'는 율법이 365가지입니다. 유대인들은 모든 율법을 다 지켜야 구원을 받을 수 있다고 믿었습니다. 바리새인들은 온 유대인들이 모두 율법을 잘 지켜 행할 때 하나님의 나라가 임한다고 믿었습니다. 그래서 그렇게 철저히 율법을 지킨 것입니다. 다른 사람의 율법 준수 여부를 놓고 율법을 잘 지키지 못하는 사람들을 정죄했던 것도 바로 그 때문입니다.

오늘날 율법을 부정한 것으로 여기며 율법이 쓸모없는 것이라고 주장하는 사람들도 있습니다. 그러나 주님은 그와 같이 말씀하시지 않았습니다. 오히려 주님은 율법의 중요성을 강조하셨습니다.

> "내가 율법이나 선지자를 폐하러 온 줄로 생각하지 말라 폐하러 온 것이 아니요 완전하게 하려 함이라 진실로 너희에게 이르노니 천지가 없어지기 전에는 율법의 일점일획도 결코 없어지지 아니하고 다 이루리라 그러므로 누구든지 이 계명 중의 지극히 작은 것 하나라도 버리고 또 그 같이 사람을 가르치는 자는 천국에서 지극히 작다 일컬음을 받을 것이

> 요 누구든지 이를 행하며 가르치는 자는 천국에서 크다 일컬음을 받으리라 내가 너희에게 이르노니 너희 의가 서기관과 바리새인보다 더 낫지 못하면 결코 천국에 들어가지 못하리라" (마태복음 5:17-20)

서기관과 바리새인들은 누구보다 철저히 율법을 지켰습니다. 그런데 주님은 제자들에게 그들보다 나은 '의'가 있어야 한다고 가르치셨습니다. 주님이 말씀하신 '의'가 무엇인지에 대해서는 신학자들마다 다양한 견해가 있습니다.

그 가운데 많은 사람들이 지지하는 견해는 '마음으로부터 기인하는 의'입니다. 예수님은 율법을 철저히 지키던 자들의 행위가 하나님을 향한 사랑보다 자신의 의로움을 드러내기 위한 것이었다고 지적하셨습니다. 그들은 억지로 마지못해 율법을 지켰다는 것입니다. 그런데 그것은 율법을 주신 하나님의 참 의도를 제대로 알지 못한 것입니다.

하나님을 두려워해서 율법을 지키는 것과 그분을 사랑해서 마음으로부터 그 가르침을 따르는 것과는 큰 차이가 있습니다. 바리새인들은 전자였습니다. 예수님은 후자를 가르치셨습니다. 정말 예수님을 사랑하는 자들은 그분의 가르침을 마음을 다해 기쁘게 따를 것이라고 말입니다.

이것이 복음의 능력이며 성령이 하시는 일입니다. 성령은 우리에게 새 마음을 주셔서 순전한 마음으로 주님의 뜻을 따르게 하십니다.

> "또 새 영을 너희 속에 두고 새 마음을 너희에게 주되 너희 육신에서 굳

은 마음을 제거하고 부드러운 마음을 줄 것이며 또 내 영을 너희 속에 두어 너희로 내 율례를 행하게 하리니 너희가 내 규례를 지켜 행할지라"
(에스겔 36:26-27)

마음을 변화시키시는 성령

현대를 살아가는 그리스도인들 가운데에도 그런 식으로 신앙생활 하는 분들이 있습니다. 의무감으로 예배에 나오고, 오랜 습관에 따라 신앙생활을 하고, 별다른 감동 없이 말씀을 보며 마지못해 따르는 사람들 말입니다. 하나님은 그런 모습을 원치 않으십니다. 하나님은 우리가 기쁘게 신앙생활을 하고, 마음으로부터 순종하여 그분의 말씀을 지키길 원하십니다. 주님을 향한 넘치는 사랑으로 예배하길 원하십니다.

우리가 그렇게 살아갈 수 있도록 도와주시는 분이 바로 성령입니다. 성령은 살리는 영이십니다. 메마른 심령에 다시금 생수가 흘러넘치게 하시고, 식었던 마음에 다시금 복음의 불을 붙여주셔서 온 마음을 다해 주님을 사랑하게 하시는 분이십니다.

신앙생활 하는 것이 지겹게 느껴지고, 말씀을 봐도 감동이 없으십니까? 예배의 자리에 나아와도 졸리기만 하고, 찬양에도 은혜를 받지 못하고 있습니까? 성령께서 심령을 회복하여 주셔서 다시 주님을 뜨겁게 사랑하던 첫사랑을 회복할 수 있게 되시길 바랍니다.

아내를 사랑해서 아내의 말을 잘 듣는 남편이 있는가 하면, 잔소리가 듣기 싫어 아내의 말을 잘 듣는 남편도 있습니다. 겉으로 드러나는 모습은 같지만 마음의 동기는 다릅니다.

하나님을 향한 성도의 태도도 그와 같을 수 있습니다. 하나님을 사랑해서 그분의 뜻을 기쁘게 따르는 성도들이 있는가 하면, 하나님께 벌을 받고 일이 잘 풀리지 않을까봐 찝찝한 마음으로 순종하는 성도들도 있습니다. 둘은 하늘과 땅 차이입니다.

마음이 중요합니다. 어떤 마음으로 예배의 자리를 찾고, 헌금 생활을 하며, 봉사를 하는지를 늘 점검하시길 바랍니다. 정말 마음의 중심으로부터 하나님을 깊이 사랑함으로 하는 신앙생활인지, 마지못해 누군가의 눈치를 보며 하는 신앙생활인지 반드시 점검해야 합니다.

주님은 우리에게 '나를 사랑하면 내 계명을 지키라'고 하지 않으시고 성령이 너희에게 임하시면 '마음으로부터 나를 사랑하여 내 계명을 지키게 될 것이라'고 말씀하십니다. 우리의 힘으로는 주님을 온전히 따를 수 없지만, 성령이 임하시면 주님의 뜻을 온전히 따를 수 있습니다. 성령을 구해야 하는 이유, 날마다 성령으로 충만해야 하는 이유가 바로 여기에 있습니다.

성령이 오신 이유

예수님께서 성령을 보내주신 이유가 무엇입니까? 성령께서 우리와 영원토록 함께하시기 위함입니다. 예수님이 이 땅에 오실 때는 육신으로 오셨습니다. 육신으로 오셨다는 것은 신적인 능력을 제한하셨다는 것을 의미합니다. 쉽게 예를 들면, 예수님께서 팔레스타인 지역에 계실 때는 한국에 계실 수 없다는 것입니다.

그러나 예수님의 영이신 성령님이 오시면, 어디서든 우리와 함께하실 수 있으십니다. 그래서 주님은 당신께서 떠나가는 것이 제자들에게 더 유익하다고 말씀하신 것입니다. 보혜사라는 말은 보호할 '보(保)'에 은혜 '혜(惠)', 그리고 스승 '사(師)' 자를 씁니다. 즉, 곁에서 보호하시고 은혜를 베푸시는 스승이라는 의미입니다.

파라클레토스(παράκλητος)

보혜사라는 단어는 헬라어로 '파라클레토스'(παράκλητος)입니다. 이 단어는 '-곁에서'라는 의미의 '파라'(παρά) 라는 단어와 '말하다, 부르다'라는 의미의 '카레오'(καλέω)의 합성어입니다. '누군가를 돕기 위해 불리다'라는 의미로 위로자 또는 조력자 등의 뜻을 가지고 있습니다.

성령은 언제나 우리와 함께하시며 우리를 도우시고 위로하시는 하나님이십니다. 어떤 사람들은 성령을 '에너지'나 '기운' 정도로 생각하지만,

그렇지 않습니다. 성령은 예수님께서 우리와 함께하시기 위해 보내신 하나님의 영이시요, 또한 예수 그리스도의 영이십니다.

> "그는 진리의 영이라 세상은 능히 그를 받지 못하나니 이는 그를 보지도 못하고 알지도 못함이라 그러나 너희는 그를 아나니 그는 너희와 함께 거하심이요 또 너희 속에 계시겠음이라" (요한복음 14:17)

예수님은 성령이 '진리의 영'이라고 가르쳐 주셨습니다. 이는 성령이 바로 진리이신 예수님의 영이심을 나타내는 것입니다. 주님은 세상은 성령을 알지 못하지만 성도들은 그분을 알 것이라고 하셨습니다. 성령이 우리 안에 함께 거하시기 때문입니다.

불이 붙어 있는 숯덩어리를 떠올려 보십시오. 숯 안에 불이 있는 것입니까, 아니면 불 안에 숯이 있는 것입니까? 성령이 우리와 함께하신다는 것은 마치 그와 같습니다. 떼려야 뗄 수 없는 관계입니다. 완전한 연합을 의미합니다. 성령이 함께하시는 삶을 살 때, 우리는 예수 그리스도와 온전히 연합된 삶을 살 수 있는 것입니다.

많은 성도들이 성령으로 충만한 삶을 산다는 의미를 오해합니다. 교회 일을 많이 하고, 신기한 기적을 일으키고, 열광적으로 기도하면 성령으로 충만하다고 말합니다. 물론 성령 충만의 한 측면일 수 있지만 엄밀히 말하면 그것이 다가 아닙니다. 성령으로 충만하다는 것은 예수님으로 충만한 것이며, 예수 그리스도의 모습이 더 선명하게 보이는 삶을 의미합니다.

누군가로부터 '당신은 예수님 같습니다.', '집사님을 보니 예수님을 뵙는 것 같아요.'라는 이야기를 듣는 삶, 그것이 바로 성령으로 충만한 삶인 것입니다.

위로하시는 성령

'파라클레토스'(παράκλητος)는 여러 가지 의미를 가지고 있습니다. 먼저 '위로자'라는 뜻이 있습니다. 즉, 성령은 우리와 함께하시며 우리를 위로하시는 하나님이시라는 것입니다.

현대인들의 가장 큰 질병은 '외로움'이라고 합니다. 많은 사람들을 만나고 화려한 문화의 혜택 속에 풍요로운 삶을 살아가지만, 그 무엇으로도 채울 수 없는 고독과 쓸쓸함을 가진 채 살아갑니다.

여기저기서 상처를 주고받고 살아갑니다. 가장 가까운 가족에게 상처를 받아 마음에 평생 지워지지 않는 멍 자국을 가진 채 살아가는 사람들도 적지 않습니다. 그러면서 자신도 모르게 누군가의 마음에 상처를 남기며 살아가는 게 오늘날 우리들의 모습이 아닌가 싶습니다.

사람을 만나면 외로움이 사라질까 싶어 여러 사람을 만나보지만 소용이 없습니다. 술을 마시고 담배를 피우면 마음의 상처를 씻어낼 수 있을 것 같지만, 일시적인 욕구만 충족시켜 줄 뿐 오히려 몸과 마음을 더 피폐하게 만듭니다.

고독하고 쓸쓸한 인생의 허전함을 채워주실 수 있는 분은 성령밖에 없습니다. 그분만이 우리 곁을 떠나지 않고 지켜주실 수 있습니다. 상처투성이의 인생을 보듬어 주시고 위로해 주실 분도 성령뿐이십니다. 다른 것으로 공허한 심령을 채울 수 없습니다. 그 어떤 것으로도 상처받은 심령을 위로할 수 없습니다. 오직 성령만이 우리의 파라클레토스, 진정한 위로자가 되어 주실 수 있습니다.

도와주시는 성령

보혜사라는 뜻의 '파라클레토스'의 두 번째 의미는 '돕는 자'입니다. 영어로는 'helper'라고 하지만, 사실 그 이상의 의미를 지니고 있습니다. 보다 정확한 의미는 'Saver' 즉, 구원자라고 할 수 있을 것입니다.

진정 여러분을 도와주실 수 있는 분이 누구라고 생각하십니까? 우리의 도움은 어디에서 오는 걸까요? 시편 기자는 진정 우리를 도우실 수 있는 분은 오직 하나님 한 분이라고 고백합니다.

> "내가 산을 향하여 눈을 들리라 나의 도움이 어디서 올까 나의 도움은 천지를 지으신 여호와에게서로다" (시편 121:1-2)

세상 사람들은 돈이 많은 사람이 자신을 도울 수 있다고 생각합니다. 큰 힘을 가진 사람이 자신을 도울 수 있다고 생각합니다. 그래서 돈이 많은 사람, 큰 권세를 가진 사람을 찾아다닙니다. 소위 직장 내에서도 줄을 잘 서야 한다며 사람을 의지합니다.

자신이 누굴 의지하는 사람인지 확인할 수 있는 방법이 있습니다. 당장 눈앞에 어려운 문제가 찾아왔을 때 누굴 가장 먼저 떠올리는지 보면 알 수 있습니다. 몸이 아플 때 어떤 의사를 찾아가야 할지, 억울한 일을 만났을 때 어떤 변호사를 찾아가야 할지, 자녀의 성적이 떨어졌을 때 어떤 학원을 보내야 할지를 먼저 떠올리지 않습니까? 바로 그것이 우리 자신이 의지하는 대상입니다.

믿는 성도들도 살다 보면 '지금 수중에 얼마만 있어도 이 문제를 해결할 수 있을 텐데…'라는 생각이 들 때가 있습니다. 은연중에 돈을 자신의 삶과 가정, 그리고 자녀의 인생의 구원자로 고백하는 것입니다.

때로는 돈이, 인맥이, 좋은 기술이 큰 도움을 줄 때가 있는 것은 사실이지만 그것이 우리의 영원한 도움이 될 수는 없습니다. 그런 것들은 반드시 그에 맞는 대가를 요구합니다. 내가 도움을 받음으로써 누군가는 도움을 받지 못해 피해를 볼 수도 있습니다. 성도는 그런 도움을 받는 존재가 아닙니다.

우리를 도우실 수 있는 분은 오직 하나님 한 분이십니다. 우리 자신을 가장 잘 아시는 분이 그분이시기 때문입니다. 하나님은 우리에게 가장 필요한 것이 무엇인지 가장 정확하게 아시는 분이십니다. 가장 적절한 때에, 가장 적절한 방법으로 모든 것이 합력하여 선을 이룰 수 있도록 도우시는 분이십니다.

하나님께서는 그렇게 우리를 도우시기 위해 성령을 보내주신 것입니다. 사람을 찾지 말고, 인간적이고 세상적인 방법을 구하지 말고, 성령을 의지하여 하나님의 도우심을 구하시길 바랍니다. 천지를 지으신 하나님께서 우리가 생각한 것과는 비교할 수 없는 방법으로 도우실 것입니다.

보호하시는 성령

세 번째로 성령은 우리를 보호해 주시는 보호자이십니다. 우리를 지켜주시는 분이시며, 우리를 보호해주시는 분이십니다.

언젠가 방송을 통해 새끼 곰이 늑대들로부터 도망치는 장면을 보았습니다. 위태롭게 도망치던 새끼 곰은 결국 막다른 길에 이르게 되었습니다. 더 이상 도망칠 수 없는 상황이라는 것을 직감했는지, 새끼 곰은 사나운 소리를 질러댔습니다.

그런데 갑자기 늑대들이 슬그머니 뒤돌아서 가는 것입니다. 새끼 곰의 사나운 소리에 겁을 먹은 것일까요? 아닙니다. 새끼 곰 뒤로 어미 곰이 나타난 것입니다. 화가 잔뜩 난 어미 곰의 모습을 본 늑대들이 꽁무니를 빼고 도망친 것이었습니다.

저는 그 모습을 보며 우리 곁에 계신 성령님의 도우심을 느낄 수 있었습니다. 인생을 살다보면 수없이 많은 어려움을 만나게 됩니다. 자신의 힘으로는 도저히 해결할 수 없고, 다 포기하게 만드는 상황이 찾아오곤 합니다. 그럴 때 우리 곁에서 우리를 보호하시며 지켜주시는 성령을 의지해야 합니다.

재물이 우리를 지켜줄 수 없습니다. 세상의 지위나 인기가 우리를 보호해주지 못합니다. 내로라하는 재벌이나, 유명 연예인이 스스로 목숨을 끊는 것을 종종 볼 때마다 얼마나 안타까운지 모릅니다. 그들이 예수님을 만나 성령과 동행하는 삶을 살았더라면 비극적으로 인생을 마감하지 않았을 것이기 때문입니다.

돈이 있어도, 명예가 있어도, 인기가 있어도 감당하기 힘든 두려움이 찾아오는 것이 인생입니다. 우울함이 찾아오는 것이 우리의 삶입니다. 그러나 우리 곁에 성령도 함께 계시다는 것을 꼭 기억하십시오. 우리 인생에 찾아오는 위기의 순간에도 성령은 우리를 지키시며 보호하시며 결코 우리를 떠나지 않으십니다.

성령께 여러분의 공동체를 맡기시길 바랍니다. 가정을 맡기고, 배우자를 맡기고, 자녀를 맡기십시오. 언제 어디서나 함께하시며 지키시는 성령의 손길 이외에 우리가 참으로 의지할 수 있는 것은 없습니다. 그분을 의지할 때 비로소 참 평안을 얻고, 어떤 두려움도 이겨낼 수 있는 담력을 얻게 될 것입니다.

변호하시는 성령

네 번째로 '보혜사'라는 말은 변호자라는 의미를 가지고 있습니다. 법정에서 누군가를 열심히 변호하는 변호사의 모습을 기억하십니까? 누군가를 대신하여 그의 무죄를 증명하기 위해 치밀하게 준비하여 변호하는 모습을 보면 참 대단하다고 느껴집니다. 그런데 중요한 것은 어떤 변호사가 변호를 맡느냐에 따라서 재판의 결과가 완전히 달라지는 것을 볼 때가 있다는 것입니다.

그래서 많은 비용을 지불하더라도 실력이 있는 변호사, 좋은 성과를 내는 변호사를 찾곤 합니다. 그런데 하나님께서는 우리에게 가장 뛰어난 변호사를 보내주셨는데, 그분이 바로 성령이시라는 것입니다.

> "나의 자녀들아 내가 이것을 너희에게 씀은 너희로 죄를 범하지 않게 하려 함이라 만일 누가 죄를 범하여도 아버지 앞에서 우리에게 대언자가 있으니 곧 의로우신 예수 그리스도시라" (요한일서 2:1)

> "주께서 나의 의와 송사를 변호하셨으며 보좌에 앉으사 의롭게 심판하셨나이다" (시편 9:4)

> "하나님이여 나를 판단하시되 경건하지 아니한 나라에 대하여 내 송사를 변호하시며 간사하고 불의한 자에게서 나를 건지소서" (시편 43:1)

불의에서 우리를 건지시는 분, 우리를 대신하여 변호해 주시는 분이 바로 성령이십니다. 성령은 하나님과 사람 앞에서 끝까지 우리의 편이 되어주시는 분이십니다. 억울한 일을 만나셨습니까? 누군가 여러분의 마음을 알아주지 않습니까? 그럴 때 너무 낙망하지 마시고 모든 것을 성령께 맡기십시오.

하나님께서 가장 유능한 변호사이신 성령을 여러분에게 선물로 주셨습니다. 그분은 예수 그리스도의 권위로 우리를 변호하시는 분이십니다. 사람의 지혜로운 말 백 마디보다 성령의 말 한 마디가 더 큰 힘이 있다는 사실을 기억하십시오.

인도하시는 성령

다섯 번째 성령은 우리의 삶을 인도하시는 안내자이십니다. 현대인들의 특징은 방향 감각 없이 살아간다는 것입니다. 목적 없이 살아갑니다. 어디로 가야 할지 모른 채 그냥 살아갑니다.

사실 인생은 끊임없는 선택의 과정을 살아내는 것인지도 모르겠습니다. 학교를 선택하는 문제, 진로를 선택하는 문제, 직장을 선택하는 문제, 배우자를 선택하는 문제 등 계속해서 무언가를 선택해야 하는 과정을 밟아야 합니다. 어디로 갈지 모르고, 누구와 함께 해야 할지 모르기에 점집을 찾아다니는 사람들도 적지 않습니다. 사람들은 모두 안내자를 원합니다. 누군가 자신의 진로를 안내해주고, 중요한 결정을 내려야 할 때 좋은 조언을 해주길 바랍니다.

그런데 예수님은 우리를 고아처럼 내버려두지 않으시고 우리의 삶을 인도해주실 보혜사 성령을 보내주신다고 약속하셨습니다. 중요한 문제를 앞두고 먼저 기도하며 성령의 도우심을 구한다면, 우리는 그분의 인도하심을 경험할 수 있습니다. 물론 선택은 우리가 하는 것이지만, 그 모든 선택이 성령 안에서 이루어지면 우리의 삶이 반드시 하나님이 원하시는 순간순간을 경험할 수 있게 됩니다.

> "성령이 아시아에서 말씀을 전하지 못하게 하시거늘 그들이 브루기아와 갈라디아 땅으로 다녀가 무시아 앞에 이르러 비두니아로 가고자 애쓰되 예수의 영이 허락하지 아니하시는지라" (사도행전 16:6-7)

사도 바울의 전도 여행을 보십시오. 그는 성령의 인도하심을 받았습니다. 성령이 그의 삶에 적극적으로 개입하셔서 그의 걸음을 인도하셨습니다. 그러면 성령이 2천 년 전에는 그렇게 인도하셨지만 오늘날은 그렇지 않으십니까? 아닙니다. 성령은 오늘도 하나님의 백성들의 삶을 신실하게 인도하시는 분이십니다.

나의 욕심에 이끌려 가는 길은 단호히 막아서시고, 우리로 하여금 주님의 뜻이 있는 곳으로 갈 수 있도록 오늘도 신실하게 일하고 계십니다. 우리가 눈치 채지 못할 뿐입니다. 그러니 내가 원하는 방향으로 인생이 흘러가지 않는다 하여 불안해하거나 낙심하지 마십시오. 성령이 우리의 삶을 하나님의 뜻대로 잘 인도하고 계심을 믿고, 하루하루 순종하는 삶을 사십시오.

치료하시는 성령

여섯 번째로, 보혜사(파라클레토스)는 치료자라는 뜻을 가지고 있습니다. 세상 모든 사람들은 다 병자입니다. 육신의 질병, 정신적 고통, 심적 아픔 등 아픔이 없는 사람은 아무도 없습니다. 그래서 그런지 병원도 많고, 병원마다 늘 환자들이 넘쳐납니다.

그러나 세상에 완벽한 의사는 없습니다. 모든 수술을 성공적으로 집도한 의사도 없고, 모든 사람을 살려낸 의사도 없습니다. 약도 마찬가지입니다. 약은 병을 완전히 고치지 못합니다. 병의 증세를 완화시키거나 몸이 병을 이겨낼 힘을 줄 뿐입니다.

그런데도 사람들은 명의가 있다고 하면 그리로 몰려가고, 좋은 약이 있다고 하면 수천만 원을 들여서라도 그 약을 구하려고 합니다. 몸의 질병은 고칠지 모르겠지만 영혼의 병까지 고칠 수 있는 의사는 세상에 없습니다. 우리를 온전케 하실 수 있는 능력은 오직 성령께만 있습니다.

> "여호와의 말씀이니라 그들이 쫓겨난 자라 하매 시온을 찾는 자가 없은 즉 내가 너의 상처로부터 새 살이 돋아나게 하여 너를 고쳐 주리라" (예레미야 30:17)

> "그러나 보라 내가 이 성읍을 치료하며 고쳐 낫게 하고 평안과 진실이 풍성함을 그들에게 나타낼 것이며" (예레미야 33:6)

> "이르시되 너희가 너희 하나님 나 여호와의 말을 들어 순종하고 내가 보기에 의를 행하며 내 계명에 귀를 기울이며 내 모든 규례를 지키면 내가 애굽 사람에게 내린 모든 질병 중 하나도 너희에게 내리지 아니하리니 나는 너희를 치료하는 여호와임이라" (출애굽기 15:26)

멀리 찾아가지 않아도 됩니다. 수천만 원 비용을 지불하지 않아도 됩니다. 믿음을 가지고 성령을 구하십시오. 그분께 몸과 마음과 영혼의 질병을 맡겨드리십시오. 우리를 고치시는 참의사이신 성령의 능력을 경험하게 될 것입니다.

물론 모든 병이 다 고침을 받는 것은 아닙니다. 성령의 목적은 단순히 육신의 병을 고치고 마음의 질병을 고쳐주시는 데 있는 것이 아니기 때문입니다. 성령은 우리로 하여금 예수 그리스도의 장성한 분량에 이르게 하시는 분이십니다. 그렇기에 때로 성령은 육신의 연약함이라는 도구도 사용하십니다.

성령은 병을 고쳐주시기보다 병을 이겨낼 힘을 주시고, 병 앞에서도 하나님을 원망하지 않는 믿음을 주심으로 우리의 영적 성숙을 이루어가십니다. 그것이 바로 진정한 치료입니다.

가르치시는 성령

파라클레토스의 일곱 번째 의미는 가르치는 자입니다. 시대가 지나갈수록 느껴지는 것은 진정한 스승을 찾아보기가 참 힘들다는 점입니다. 학생은 많은데 제자는 없고, 선생은 많은데 스승은 없는 시대가 바로 오늘날 우리가 살고 있는 시대가 아닌가 싶습니다.

다 그런 것은 아니지만, 많은 선생님들이 지식을 파는 장사꾼처럼 되어 버렸습니다. 인생을 참되게 사는 법을 가르치는 것이 아니라 대학에 입학하는 법을 가르치는 선생님들이 많습니다. 삶으로 가르치는 스승이 그리운 시대가 되었습니다.

교육이 무엇입니까? 많은 사람들이 머리에 지식을 넣어주는 것이 교육이라고 착각합니다. 아닙니다. 교육의 진정한 의미는 하나님께서 각 사람에게 넣어주신 것을 끄집어내는 것입니다. 하나님께서 이 땅에 보내신 목적을 발견하고, 그것을 개발하여 목적에 부합한 삶을 살게 하는 것이 교육입니다.

그렇기에 참선생님, 참교육자는 학생으로 하여금 자신의 재능을 발견하게 하여 그것을 잘 개발할 수 있도록 돕는 사람입니다. 하나님께서 보내신 목적대로 살도록 지도하는 사람입니다.

성령께서 오셔서 하시는 일 중 하나가 바로 가르치시고 지도하시는 일입니다. 성령 안에서 인생이 무엇인지, 역사가 무엇인지 그 진정한 의미를 발견할 수 있습니다. 하나님께서 나를 지으신 목적을 깨달을 수 있습니다. 하나님께서 원하시는 뜻을 깨달아 그것을 위해 살 수 있습니다.

말씀을 봐도 깨닫지 못하는 사람들이 얼마나 많은지 모릅니다. 인간의 지적 능력으로는 결코 하나님의 말씀을 깨달을 수 없습니다. 성령께서 조명해 주실 때 말씀의 의미를 깨닫고 삶으로 살아낼 수 있습니다. 그렇기에 우리에겐 성령이 절대적으로 필요합니다. 늘 그분의 가르침에 귀 기울여야 합니다.

중재하시는 성령

끝으로 '파라클레토스'는 중재자라는 의미를 가지고 있습니다. 인간은 갈등의 동물입니다. 죄의 지배 아래 있기 때문입니다. 하나님과도, 이웃과도, 자연과도 끊임없이 갈등을 겪습니다. 담을 치고 살아갑니다. 넘어오지도 못하게 막고, 넘어가지도 못합니다.

그 담을 허물어주실 수 있는 분은 성령밖에 없습니다. 성령은 하나님과 우리 사이의 막힌 담을 허물어 주실 뿐만 아니라 사람과 사람 사이의 갈등도 해결해 주실 수 있는 분이십니다. 사람과 일 사이의 막힌 담도, 사람과 자연 사이의 담도 성령의 능력으로 허물어질 수 있습니다.

성령께서 역사해주셔야 갈등이 해결되고, 관계가 회복됩니다. 하나님과의 관계가 온전하지 못하고, 담이 있다고 느껴지신다면 성령을 의지하여 다시 하나님과의 관계를 회복해야 합니다. 배우자와 자녀와 이웃과 직장 동료와 관계가 원만하지 못하다면 그 관계를 성령께 맡기고 기도하십시오. 먼저 다가갈 용기를 달라고 구하시고, 용납하고 받아들일 수 있는 넉넉한 마음을 달라고 기도하십시오. 성령께서 반드시 아름다운 관계를 회복시켜 주실 것입니다.

'도우시는 성령과 함께하는 삶'에 대해 생각해보기

01. 최근에 받았던 도움 중 가장 기억에 남는 도움은 무엇입니까?

02. 예수님께서 부활하신 후 승천하시기 전에 어떤 약속을 주셨습니까?(마 28:18-20), 그 약속은 어떻게 성취되었습니까?

03. '보혜사'(파라클레토스)의 의미 8가지는 무엇입니까?

04. 어떤 도움이 필요합니까? 성령님께 드리는 간구의 제목을 적어보세요.

* 암송 구절 – 요한복음 14:16

chapter 03

성령으로 예수님을
증거하는 삶

"바리새인 가말리엘은 율법교사로 모든 백성에게 존경을 받는 자라 공회 중에 일어나 명하여 사도들을 잠깐 밖에 나가게 하고 말하되 이스라엘 사람들아 너희가 이 사람들에게 대하여 어떻게 하려는지 조심하라 이 전에 드다가 일어나 스스로 선전하매 사람이 약 사백 명이나 따르더니 그가 죽임을 당하매 따르던 모든 사람들이 흩어져 없어졌고 그 후 호적할 때에 갈릴리 유다가 일어나 백성을 꾀어 따르게 하다가 그도 망한즉 따르던 모든 사람들이 흩어졌느니라 이제 내가 너희에게 말하노니 이 사람들을 상관하지 말고 버려 두라 이 사상과 이 소행이 사람으로부터 났으면 무너질 것이요 만일 하나님께로부터 났으면 너희가 그들을 무너뜨릴 수 없겠고 도리어 하나님을 대적하는 자가 될까 하노라 하니 그들이 옳게 여겨 사도들을 불러들여 채찍질하며 예수의 이름으로 말하는 것을 금하고 놓으니 사도들은 그 이름을 위하여 능욕 받는 일에 합당한 자로 여기심을 기뻐하면서 공회 앞을 떠나니라 그들이 날마다 성전에 있든지 집에 있든지 예수는 그리스도라고 가르치기와 전도하기를 그치지 아니하니라" (사도행전 5:34-42)

성령으로 예수님을 증거하는 삶

폼페이 도성은 AD 79년 베수비오 화산 폭발로 폐허가 되었습니다. 오랜 세월이 지나 그 지역에서 화석들이 발굴되었는데, 당시의 참상을 그대로 보여주고 있습니다. 화석들은 저마다 살기 위해 도피하는 모습을 하고 있습니다. 그것을 통해 최후의 순간이 어땠을지 가늠해 볼 수 있습니다.

그런데 유독 그 가운데 큰 감동과 교훈을 주는 특별한 화석이 있습니다. 그것은 창검을 꼿꼿이 들고 있는 한 무명용사의 화석입니다. 성문을 지키던 용사는 화산재가 덮이는 순간까지 자기의 자리를 지키며 임무를 감당하다가 그대로 화석이 되었던 것입니다.

우리나라가 오늘날까지 수많은 전란 속에서도 이렇게 건재할 수 있었던 것은 수많은 무명용사들의 고귀한 희생이 있었기 때문입니다. 조국을 지키고, 국민의 생명과 재산을 보호하기 위해 자신의 자리를 지키다가 순국하거나 상이용사가 된 많은 분들이 계십니다. 그분들의 희생과 노고, 피땀 흘린 헌신이 오늘의 우리를 만들었음을 기억하며 감사하는 마음을 가지고 살아야 할 것입니다.

자신에게 주어진 자리를 지킨다는 것은 아주 중요합니다. 성경 속 믿음의 사람들은 모두 자신에게 주어진 자리를 지켰습니다. 초대 교회 성도들도 주어진 자리를 믿음의 사람답게 지키며 마땅히 해야 할 일을 감당했습니다.

> "그들이 날마다 성전에 있든지 집에 있든지 예수는 그리스도라고 가르치기와 전도하기를 그치지 아니하니라" (사도행전 5:42)

예수의 이름으로

말씀의 배경은 이렇습니다. 사도행전 3장에 보면, 베드로와 요한이 성전에 올라갑니다. 그때 성전 미문 곁에 앉아 있는 지체 장애인을 보게 됩니다. 그는 사십여 세(행 4:22) 된 남자로 태어나서 한 번도 걸어본 적이 없었습니다. 일을 할 수 있는 처지가 못 되었습니다.

당시 유대인들은 자신이 의로운 사람임을 드러내기 위하여 미문 곁에서 자선 행위를 많이 행했습니다. 그래서 이 장애인은 성전 미문 곁에 앉아 구걸을 해서 먹고 살았습니다. 그러던 중 베드로와 요한을 만난 것입니다.

> "그가 베드로와 요한이 성전에 들어가려 함을 보고 구걸하거늘 베드로가 요한과 더불어 주목하여 이르되 우리를 보라 하니 그가 그들에게서 무엇을 얻을까 하여 바라보거늘 베드로가 이르되 은과 금은 내게 없거니와 내게 있는 이것을 네게 주노니 나사렛 예수 그리스도의 이름으로 일어나 걸으라 하고" (사도행전 3:3-6)

베드로가 지체 장애인의 오른손을 잡아 일으켰을 때, 그는 발과 발목에 힘을 얻고 서서 걸으며 그들과 함께 성전으로 들어가 하나님을 찬양했습니다. 주변 모든 사람들이 그 모습을 보고 심히 기이히 여기며 놀랐습니다. 그 소문이 금방 퍼져나갔고, 그것을 보기 위해 많은 사람들이 솔로몬 행각에 모였습니다. 그때 베드로가 모인 백성들을 보고 말합니다.

> "이스라엘 사람들아 이 일을 왜 놀랍게 여기느냐 우리 개인의 권능과 경건으로 이 사람을 걷게 한 것처럼 왜 우리를 주목하느냐 아브라함과 이삭과 야곱의 하나님 곧 우리 조상의 하나님이 그의 종 예수를 영화롭게 하셨느니라 너희가 그를 넘겨 주고 빌라도가 놓아 주기로 결의한 것을 너희가 그 앞에서 거부하였으니 너희가 거룩하고 의로운 이를 거부하고 도리어 살인한 사람을 놓아 주기를 구하여 생명의 주를 죽였도다 그러나 하나님이 죽은 자 가운데서 그를 살리셨으니 우리가 이 일에 증인이라 그 이름을 믿음으로 그 이름이 너희가 보고 아는 이 사람을 성하게 하였나니 예수로 말미암아 난 믿음이 너희 모든 사람 앞에서 이같이 완

전히 낫게 하였느니라" (사도행전 3:12-16)

베드로는 담대하게 부활하신 예수 그리스도를 증거했습니다. 예수의 이름으로 지체 장애인을 일으켜 세웠습니다. 육신만 고친 것이 아니라, 그의 영혼까지 구원을 얻어 하나님을 찬양하게 되었습니다. 어딜 가든 예수의 이름을 전하고, 예수의 이름으로 행했습니다. 성경은 그런 사도들의 메시지를 듣고 남자만 해도 오천 명이 그리스도를 믿게 되었다고 말씀합니다.

복음의 사람은 예수의 이름으로 행하는 사람입니다. 말로만 예수님을 전하는 것이 아니라, 생각과 행동을 넘어 삶 전체로 예수님을 전하는 사람입니다. 하나님은 그런 복음의 사람을 통해 놀라운 일들을 일으키십니다. 세상은 경험해 보지 못한 기적이 복음의 사람들 곁에 일어나게 됩니다.

훼방 앞에 담대하라

그런데 복음의 사람 앞에는 반드시 훼방의 그림자가 찾아오게 됩니다. 사도들이 복음을 전하며 예수님의 부활을 전했을 때도 훼방이 있었습니다. 부활을 믿지 않던 사두개인들과 제사장들과 성전 맡은 자들이 사도들을 잡아 옥에 가둔 것입니다.

사도들은 결박된 채 하룻밤을 보냈습니다. 이튿날이 되어서 관리들과 장로들과 서기관들이 모여 사도들을 심문하였습니다. 무슨 권세와 누구의 이름으로 그런 일을 행한 것이냐고 물었습니다. 그때 베드로가 대답합니다.

> "이에 베드로가 성령이 충만하여 이르되 백성의 관리들과 장로들아 만일 병자에게 행한 착한 일에 대하여 이 사람이 어떻게 구원을 받았느냐고 오늘 우리에게 질문한다면 너희와 모든 이스라엘 백성들은 알라 너희가 십자가에 못 박고 하나님이 죽은 자 가운데서 살리신 나사렛 예수 그리스도의 이름으로 이 사람이 건강하게 되어 너희 앞에 섰느니라 이 예수는 너희 건축자들의 버린 돌로서 집 모퉁이의 머릿돌이 되었느니라 다른 이로써는 구원을 받을 수 없나니 천하 사람 중에 구원을 받을 만한 다른 이름을 우리에게 주신 일이 없음이라 하였더라" (사도행전 4:8-12)

베드로는 복음을 전하다 감옥에 갇혔습니다. 만일 우리가 복음을 전하다 감옥에 갇히면 어떤 마음이 들겠습니까? 어쩌면 '이러려고 예수 믿었나?' 그런 생각이 들 수도 있을 것 같습니다. 그런데 베드로와 요한은 그 어떤 후회도 없었습니다. 오히려 기탄없이 더욱 담대하게 그리스도를 전했습니다.

그곳에는 장로들과 서기관들뿐만 아니라, 대제사장 안나스와 가야바와 요한과 알렉산더와 대제사장의 문중이 다 모여 있었습니다. 당시 내로라하는 권세자들이 다 모여 있었던 것입니다. 충분히 주눅이 들 수 있는 상황이었습니다. 그러나 베드로와 요한은 물러서서 고개를 땅에 떨구지 않았습니다. 오히려 그들의 죄를 책망하며 또 다시 예수 그리스도를 전했습니다. 그 모습을 본 사람들은 충격을 받을 수밖에 없었습니다.

> "그들이 베드로와 요한이 담대하게 말함을 보고 그들을 본래 학문 없는 범인으로 알았다가 이상히 여기며 또 전에 예수와 함께 있던 줄도 알고 또 병 나은 사람이 그들과 함께 서 있는 것을 보고 비난할 말이 없는지라" (사도행전 4:13-14)

그들은 제대로 배우지도 못한 저들이 어떻게 저렇게 유창하게 말을 잘하는가 의아했습니다. 어쩌면 예수와 함께 있었기 때문에 그런가보다 라고 생각했습니다. 병 나은 자도 함께 서 있었기에 더 이상 비난할 수도 없었습니다. 그래서 내보내기로 결정한 뒤 더는 예수에 대해 말하지도 말고 가르치지도 말라고 협박했습니다. 그런데 알겠다고 하고 나오면 될 텐데, 베드로와 요한이 풀려나면서 한 마디를 더 하고 갑니다.

> "베드로와 요한이 대답하여 이르되 하나님 앞에서 너희의 말을 듣는 것이 하나님의 말씀을 듣는 것보다 옳은가 판단하라 우리는 보고 들은 것을 말하지 아니할 수 없다 하니" (사도행전 4:19-20)

성경은 백성들 모두 그 된 일을 보고 하나님께 영광을 돌렸다고 말씀합니다. 복음을 전할 때는 반드시 훼방이 있습니다. 빛을 좋아하는 어둠은 없기 때문입니다. 어둠은 빛과 대적하려 합니다. 충돌이 일어납니다. 그러나 어둠은 결코 빛을 이길 수 없습니다. 주눅 들지 마십시오. 오히려 더욱 담대하게 복음을 전하십시오!

복음을 전하는 사람을 통해 하나님은 영광을 받으십니다. 우리의 작은 인생이 하나님의 영광을 위해 드려질 수 있다면 그보다 더 귀한 일이 어디 있겠습니까? 훼방 앞에서, 어려운 상황 앞에서 그 너머 미소짓고 계신 하나님을 바라보십시오. 복음의 사람을 응원하시는 예수님의 모습을 떠올려 보십시오. 담대함을 얻으실 수 있을 것입니다.

하나님의 손길이 되라

> "사도들의 손을 통하여 민간에 표적과 기사가 많이 일어나매 믿는 사람이 다 마음을 같이하여 솔로몬 행각에 모이고" (사도행전 5:12)

성경은 복음을 전하는 사도들의 손을 통해 표적과 기사가 많이 일어났다고 합니다. 하나님은 복음을 전하는 자들의 손을 통해 일하십니다. 대단한 학위를 가진 자의 손이 아닙니다. 넘치는 부를 가진 자의 손도 아닙니다. 모두가 부러워할 만한 건강을 가진 자의 손도 아닙니다.

오늘 우리가 복음에 사로잡힌 하나님의 사람들이 될 수 있다면, 하나님은 우리처럼 초라하고 볼품없는 손을 사용하셔서 그분의 역사를 나타내실 것입니다.

> "예루살렘 부근의 수많은 사람들도 모여 병든 사람과 더러운 귀신에게 괴로움 받는 사람을 데리고 와서 다 나음을 얻으니라" (사도행전 5:16)

세상은 하나님의 손길을 필요로 합니다. 하나님의 손길이 되어 세상을 변화시키는 삶을 살아가야 합니다. 나로 말미암아 내가 속한 공동체가, 가정이, 직장이 하나님의 손길을 느낄 수 있어야 합니다.
하나님의 손길이 되어 세상을 고치고 섬길 때, 하나님의 손은 우리를 지키십니다.

> "대제사장과 그와 함께 있는 사람 즉 사두개인의 당파가 다 마음에 시기가 가득하여 일어나서 사도들을 잡아다가 옥에 가두었더니 주의 사자가 밤에 옥문을 열고 끌어내어 이르되 가서 성전에 서서 이 생명의 말씀을 다 백성에게 말하라 하매" (사도행전 5:17-20)

사도들이 복음을 전하다 옥에 갇혔을 때, 하나님의 사자가 옥문을 여셨습니다. 그리고 사도들을 내보내시며 성전에 가서 생명의 복음을 전하라고 명하셨습니다. 하나님은 복음을 전하는 자들을 지키십니다. 그들을 보호하십니다.

하나님께서 우리를 도우시는 이유가 무엇입니까? 혼자 잘 먹고, 잘 살고 누리며 살라고 복을 주시는 것입니까? 아닙니다. 복음을 전하는 일에 더욱 전념할 수 있도록 하시기 위함입니다. 건강을 주실 때, 물질을 주실 때, 시간과 에너지를 주실 때 복음 전하는 일을 소홀히 해선 안 됩니다. 더욱 집중하여 복음을 증거할 수 있어야 합니다.

그럼에도 불구하고 복음을 전하다

옥에서 풀려난 사도들은 도망치거나 숨지 않았습니다. 하나님의 말씀대로 성전에서 복음을 전했습니다. 제사장들은 성전 맡은 자들을 보내어 사도들을 잡아와 공회 앞에 세우게 했습니다.

대제사장은 사도들이 예수에 대한 책임을 자신들에게 씌우게 하려는 계략을 세우고 있다고 의심하고 있었는데, 베드로와 사도들은 예수님을 십자가에 못 박아 죽인 종교 지도층의 잘못을 지적하며 회개할 것을 촉구했습니다. 불에 기름을 뿌린 격이 되었습니다. 대세자장의 무리들은 크게 노하여 사도들을 죽이려 했습니다.

그때 모든 백성에게 존경 받던 가말리엘이라는 율법 학자가 일어나서 말했습니다. 그는 전에 '드다'라는 인물이 일어나 400명의 추종자를 만들고 사람들을 유혹했지만, 결국 올바른 진리가 아니었기 때문에 모든 추종자들이 흩어진 예를 들어 설명했습니다.

예수를 선전하는 저들도 잘못된 것이면 스스로 흩어질 것이나, 만일 정말 하나님께로부터 온 진리라면 그들을 대적하는 것이 하나님을 대적하는 것이니 그냥 두자고 제안한 것입니다.

공회의 사람들이 가말리엘의 말을 옳게 여겼습니다. 사도들을 풀어주기로 했습니다. 그런데 그냥 풀어준 것이 아니라 채찍질 한 후 예수의 이름으로 말하는 것을 금하는 조건으로 풀어줬습니다.

사도들은 이미 여러 번 옥에 갇혔습니다. 모욕을 당했습니다. 매를 맞아야 했습니다. 예수의 증언자로 살기 시작하면서부터 편할 때가 없었습니다. 여러분이라면 그럼에도 불구하고 예수의 증언자로 계속해서 살아가시겠습니까? 이번에는 채찍질로 끝났지만, 다음에 또 붙잡히면 십자가에 달릴 수도 있습니다. 그런데 사도들은 어떻게 하나요?

> "사도들은 그 이름을 위하여 능욕 받는 일에 합당한 자로 여기심을 기뻐하면서 공회 앞을 떠나니라 그들이 날마다 성전에 있든지 집에 있든지 예수는 그리스도라고 가르치기와 전도하기를 그치지 아니하니라" (사도행전 5:41-42)

사도들은 모진 매로 인하여 찢기고 상처난 몸으로 공회를 떠나면서도 예수님의 이름을 위하여 받는 능욕을 오히려 기뻐했습니다. 날마다 어디에 있든지 예수님의 증언자로 사는 데 헌신했습니다. 쉬지 않고 복음을 전하는 복음의 사람으로 살았습니다.

예수를 증언하는 복음의 사람

사도들은 집에 있든지 성전에 있든지 복음을 전했습니다. 집과 성전 두 군데서만 복음을 전했다는 말이 아닙니다. 그들은 시장에 가든지, 골목길을 걷든지, 학교에 가든지, 사업장에 가든지 그 어디서나 예수 그리스도를 전하고 가르치는 일에 헌신했다는 것입니다.

복음의 사람이 가진 특징이 무엇입니까? 예수를 전한다는 겁니다. 자신에게 주어진 자리를 믿음으로 지키며, 복음 전파의 사명을 감당하며 살아갑니다. 지난 한 주간, 아니 한 달간을 돌아보십시오. 예수님에 대한 이야기를 얼마나 하셨습니까? 주어진 자리를 믿음의 사람답게 지키며 살고 계십니까?

교회의 사명이 무엇입니까? 그리스도인에게는 결코 타협할 수 없고, 그 무엇과도 바꿀 수 없는 사명이 있습니다. 그것은 바로 예수님을 전하는 일입니다. 멈출 수 없는 일입니다. 어디서나 누굴 만나든지 어떻게 예수님을 전할까 고민하며 살아야 합니다.

사도들은 '날마다' 복음을 전했습니다. 영어 성경에는 'Day after day'라고 되어 있습니다. 하루가 지나고 그 다음날이면 여지없이 복음을 전했다는 것입니다. 복음을 전하지 않고는 하루를 마감할 수 없었다는 것입니다.

오늘 우리의 하루는 과연 어떻습니까? 예수님 생각으로 충만하여 단 한 사람에게라도 복음을 전하지 않고는 하루를 마감하지 않겠다는 의지가 있습니까? 바쁜 현대 사회에서 어떻게 그렇게 살 수 있느냐고 반문할지 모르겠습니다. 그러나 초대 교회 성도들이라고 일상생활이 없었을까요? 그들은 가정도 돌보지 않고, 직장도 가지 않으며 복음만 전했을까요? 아닐 것입니다.

그들도 학교에 가고, 결혼도 하고, 장을 보러 시장에도 갔을 것입니다.

· 1부 · 성령, 삶에 살다 71

우리가 살아가는 모습처럼 그들도 살았을 것입니다. 그런데 한 가지는 달랐습니다. 그들은 어디를 가든지, 누구를 만나든지 예수 그리스도를 전하는 일을 빠뜨리지 않았다는 것입니다.

그들의 삶의 자리엔 항상 복음이 있었습니다. 예수 그리스도가 있었습니다. 생명의 기운이 그들을 감싸고 있었고, 성령의 능력이 그들과 함께 했습니다.

나의 달려갈 길

사도행전 5장 42절을 '표준새번역'으로 보면, "그들은 날마다 성전에서 그리고 이집 저집에서 쉬지 않고 가르치고 예수가 그리스도임을 전하였다."라고 되어 있습니다.

예수님을 비밀리에 전한 것이 아닙니다. 집집마다 찾아다니며 복음을 전한 것입니다. 당시 상황을 생각해 보면 결코 쉬운 일이 아닙니다. 예수님을 전한다는 것은 사회적으로 매장당하는 것이었기 때문입니다. 매를 맞고 감옥에 가야 했습니다. 따돌림을 당하고 불이익을 당할 수도 있었습니다.

어느 누가 신고할지도 모르는 상황인데, 어떻게 집집마다 찾아다니며 복음을 전할 수 있었을까요? 문전 박대를 당하며 비난의 눈초리를 받으면서도 어떻게 계속해서 복음을 전할 수 있었을까요?

바울의 고백을 보면 초대 교회 성도들이 어떤 마음으로 살았는지 알 수 있습니다.

> "나의 달려갈 길과 주 예수께 받은 사명 곧 하나님의 은혜의 복음을 증언하는 일을 마치려 함에는 나의 생명조차 조금도 귀한 것으로 여기지 아니하노라" (사도행전 20:24)

바울은 예루살렘으로 가면 결박과 환난이 기다린다는 것을 성령을 통해 알았습니다. 그러나 죽음의 쇠사슬이 기다리고 있는 곳이라 할지라도 주 예수께 받은 사명 곧 하나님의 은혜의 복음을 증언하는 일을 마치기 위해서라면 가겠다는 것입니다. 우리 신앙의 선배들은 복음을 전하는 일, 예수님을 증언하는 일에 자신의 삶을 드렸습니다.

사도행전에 나타난 믿음의 사람들의 행적을 자세히 살펴보십시오. 베드로는 믿음의 형제들과 함께 있을 때에도, 성전 미문에 앉아있는 지체 장애인을 만났을 때에도, 고넬료의 집에 부름을 받아 갔을 때에도, 성전에서 제사장들과 관원들을 만났을 때에도, 평범한 서민들을 만났을 때에도, 그는 만나는 모든 사람들에게 예수 그리스도를 증거했습니다.

바울을 보십시오. 아그립바 왕 앞에서도, 베스도 총독 앞에서도, 벨리스 총독 앞에서도, 손가락질하며 욕하는 사람들과 모욕하고 핍박하는 동족들 앞에서도, 억압하는 이방인들 앞에서도, 그는 모든 사람들에게 그리스도를 증거했습니다.

바울은 죽음을 목전에 두고도 믿음의 아들 디모데를 향해 당부합니다.

> *"하나님 앞과 살아 있는 자와 죽은 자를 심판하실 그리스도 예수 앞에서 그가 나타나실 것과 그의 나라를 두고 엄히 명하노니 너는 말씀을 전파하라 때를 얻든지 못 얻든지 항상 힘쓰라 범사에 오래 참음과 가르침으로 경책하며 경계하며 권하라"* (디모데후서 4:1-2)

여러분은 세상을 떠나기 전, 단 한 마디를 남길 수 있다면 무슨 말을 남기시겠습니까? 아마도 그 말엔 평생 추구하며 살아온 삶의 가치, 가장 중요한 메시지를 남기지 않을까 싶습니다. 바울에게 있어서 그것은 예수 그리스도를 증언하는 일이었습니다.

그리스도인에게 있어서 그 무엇과도 바꿀 수 없는 절대 가치는 복음을 전하고 예수님의 증인이 되는 일입니다. 설령 고난을 당하고, 목숨을 걸어야 하는 상황이 오더라도 달려가야 할 길이라는 고백으로 그 길을 묵묵히 가야합니다. 끝까지 그 일을 완수하겠다는 결단이 있어야 합니다.

구원의 그 이름, 예수

가끔 유튜브(youtube)나 트위터(twitter) 또는 여러 SNS 매체들을 통해 감동적인 이야기를 접할 수 있습니다. 수많은 사람들이 역경을 이겨내고 성공한 사람들의 스토리에 감동합니다. 장애를 극복하고 꿈을 이룬 사람들의 스토리에 눈물을 흘립니다.

세상에는 감동적인 이야기들이 많이 있습니다. 그러나 그 어떤 감동적인 이야기라 할지라도 그것이 우리를 구원할 수 없습니다. 오직 예수 그리스도만이 우리를 구원하실 수 있습니다.

그런데 언제부터인가 교회에 감동은 있지만 예수는 사라져가고 있는 것 같습니다. 오늘날 교회의 위기는 바로 거기에 있습니다. 어떻게 해서든 성도들의 마음에 감동을 불러일으키려 노력합니다. 다양한 퍼포먼스들을 진행합니다. 그러나 그보다 더 중요한 것은 성도들의 마음에 예수 그리스도를 남겨주는 것입니다.

예수 그리스도가 유일한 구원자이시며, 그분이 우리 인생의 전부라고 외치던 초대 교회의 원색적이고 순수한 복음을 회복해야 할 때입니다.

바울은 고린도 교회에 편지를 세 번 보냈습니다. 그 중 첫 번째로 보낸 편지가 고린도전서인데, 아주 중요한 바울의 고백이 담겨져 있습니다.

> *"내가 너희 중에서 예수 그리스도와 그가 십자가에 못 박히신 것 외에는 아무 것도 알지 아니하기로 작정하였음이라" (고린도전서 2:2)*

바울이 얼마나 대단한 학자였습니까? 그는 가말리엘 문하에서 공부했습니다. 히브리 사람들의 문헌에 보면 '힐렐'이라고 하는 유명한 율법사가 많이 등장합니다. 온 민족으로부터 존경받는 랍비였습니다. 그의 손자가 바로 가말리엘입니다. 사람들이 '율법의 영광'이라는 별명을 지어줬을 만큼 가말리엘 역시도 힐렐 만큼이나 유명했습니다. 바울은 그런 사람의 제자였습니다.

뿐만 아니라 그는 산헤드린 공회의 의원이었습니다. 산헤드린 공회는 제사장들과 사두개인과 바리새인의 대표들이 모인 유대교 최고 의결기구였습니다. 바울이 유대인들로부터 얼마나 큰 존경과 인정을 받았던 사람인지 알 수 있습니다. 그런 바울이 예수 그리스도와 그가 십자가에 못 박히신 것 외에는 아무 것도 알지 않기로 했다고 고백합니다. 빌립보서에서도 비슷한 고백을 찾아볼 수 있습니다.

> "그러나 무엇이든지 내게 유익하던 것을 내가 그리스도를 위하여 다 해로 여길뿐더러 또한 모든 것을 해로 여김은 내 주 그리스도 예수를 아는 지식이 가장 고상하기 때문이라 내가 그를 위하여 모든 것을 잃어버리고 배설물로 여김은 그리스도를 얻고 그 안에서 발견되려 함이니 내가 가진 의는 율법에서 난 것이 아니요 오직 그리스도를 믿음으로 말미암은 것이니 곧 믿음으로 하나님께로부터 난 의라" (빌립보서 3:7-9)

인류 역사상 가장 위대한 발견은 예수 그리스도인 줄로 믿습니다. 참된 구원과 영원한 생명이 그에게 있기 때문입니다. 아무리 많은 지식을 가져도, 아무리 선한 삶을 살고 도덕적으로나 윤리적으로 깨끗해도 그것으로 구원받을 수 없습니다. 구원은 오직 예수 그리스도께만 있습니다. 우리가 예수의 증인으로 사는 이유가 거기에 있습니다.

> "예수께서 이르시되 내가 곧 길이요 진리요 생명이니 나로 말미암지 않고는 아버지께로 올 자가 없느니라" (요한복음 14:6)

교회의 존재 목적

현대 기독교는 사회로부터 경멸과 불신의 대상이 되었습니다. 왜 그럴까요? 교회가 그리스도를 놓치고 있기 때문입니다. 오늘날 많은 그리스도인들이 그리스도 없이 살아갑니다. 소위 명목상의 그리스도인(nominal christian)으로 살아갑니다.

예수만 증거하고, 예수만 높여야 하는 교회가 번영 신학에 물들어 인간의 성공과 부를 부추기고 있습니다. 긍정의 힘을 강조하며 심리학으로 신학을 대체하고 있습니다. 하나님의 말씀 대신 교양 강좌를 더 많이 개설하여 가르치고 있습니다. 윤리와 도덕을 중히 여기고 봉사와 섬김만을 강조합니다.

진정한 죄의 고백과 회개, 십자가의 보혈을 통한 구원을 제외한 그 어떤 윤리와 도덕, 철학, 논리도 우리를 구원할 수는 없다는 사실을 분명히 알아야 합니다. 예수 그리스도가 분명히 선포될 때 윤리와 도덕도 가치가 있게 되고, 봉사와 섬김도 진정한 의미를 찾을 수 있는 것입니다.

어떤 교회가 좋은 교회입니까? 출석 성도가 많고, 세련된 문화를 갖고 있고, 다양한 이벤트와 화려한 장식이 있는 교회입니까? 할 수만 있으면 교회는 세련되고, 우아하며, 검소하고 도덕적이어야 합니다.

그러나 그보다 훨씬 더 중요한 것은 예수 그리스도의 메시지가 살아 있는 교회가 되는 것입니다. 예수 그리스도가 바르게 증언되는 교회, 그 교회가 성경적인 아름다운 교회입니다.

교회의 존재 목적이 무엇입니까? 영혼을 구원하는데 있습니다. 지난 한 해 동안 무슨 행사를 했는가, 어떤 이벤트를 했는가가 중요한 것이 아닙니다. 그 행사를 통해, 그 이벤트를 통해 과연 몇 명이 예수님을 알게 되었고 믿게 되었느냐가 중요한 것입니다.

> "바나바가 사울을 찾으러 다소에 가서 만나매 안디옥에 데리고 와서 둘이 교회에 일 년간 모여 있어 큰 무리를 가르쳤고 제자들이 안디옥에서 비로소 그리스도인이라 일컬음을 받게 되었더라" (사도행전 11:25-26)

안디옥 교회 성도들은 최초로 그리스도인이라는 별명을 갖게 되었습니다. 그리스도인이란 뜻이 무엇입니까? 영어로는 크리스챤(Christian)입니다. 그리스도를 의미하는 크라이스트(Christ)에 'ian'이 붙여진 단어입니다.

누군가 'ian'을 'I am nothing'이라고 하는 것을 들었던 기억이 납니다. 그렇습니다. 그리스도인은 나는 아무 것도 아니라고 고백하는 자들입니다. 오직 예수 그리스도만 앞세워 사는 사람들입니다.

'그리스도인'이라는 호칭이 지금은 통상적 의미로 사용되지만, 초대 교회 당시 그 의미는 '예수에 빠진 사람'이라는 의미로 불렸습니다. 조금 심하게 말하면 예수에 미친 사람들이라는 뜻입니다.

안디옥 교회 성도들은 예수 그리스도를 입으로 증언하고, 삶으로 보여 주었습니다. 집에 있을 때나 직장에 있을 때나 그 어디서든 예수님을 전 했습니다. 기쁠 때나 슬플 때나 어느 때나 예수님을 전했습니다. 건강할 때도 아플 때도, 많이 배웠든 못 배웠든 예수님을 증언하는 삶을 살았던 것입니다.

그런 안디옥 교회 성도들에게선 예수님의 향기가 났을 것입니다. 주변 사람들이 그들 까닭에 예수님이 어떤 분이신지를 알 수 있었을 것입니다. 예수님 중심으로 살았기 때문입니다.

척 스미스라는 유명한 목사님이 계셨습니다. 그는 1960년대 중반 25명 정도의 교인이 있던 캘리포니아 코스타메사에 위치한 갈보리 채플에 부임했습니다. 척 스미스 목사님의 리더십 아래 교회는 35,000명의 큰 교회로 성장하게 되었습니다.

1960년대 중반부터 1970년 사이 미국의 많은 젊은이들이 히피에 빠졌습니다. 수많은 젊은이들이 신은 죽었다고 말하며 교회로부터 빠져나갔습니다. 그때 스미스 목사님은 생각했습니다. '예수 그리스도는 지금도 생명을 구원하고 교회를 살리실 수 있다!'

그는 그런 믿음으로 Jesus Movement(예수 운동)를 일으켰습니다. 예수가 그리스도라고 하는 그의 메시지를 통해 수많은 사람들이 구원을 받게 되었습니다. 전 세계 CCM에 새로운 바람이 된 마라나타 음반도 거기서 나온 것입니다.

오늘 우리가 살고 있는 시대는 어떻습니까? 그 어느 때보다 영적으로 어두운 시대를 살고 있다 해도 과언이 아닐 것입니다. 우리의 눈과 귀를 현혹하여 마음을 빼앗을 만한 것들이 너무나도 많이 생겨나고 있습니다. 수많은 사람들이 교회로부터 아무런 희망도 찾을 수 없다고 말합니다. 아닙니다. 여전히 교회는 세상의 희망입니다. 교회는 그리스도의 몸이기 때문입니다.

초대 교회 수많은 믿음의 선조들이 예수님을 증언하며 살다 갔습니다. 베드로도 바울도 복음의 사람이 되어 예수를 증언하다 하나님 곁으로 갔습니다. 척 스미스 목사님도 그렇게 살다 가셨습니다. 그리고 이 세대를 우리에게 맡겨놓았습니다.

다시 일어서야 합니다. 온 몸과 마음을 다해 예수 그리스도를 증언하는 자들로 살아가야 합니다. 우리가 다시 복음의 사람이 되어 예수 그리스도를 증언하는 삶을 살기 시작한다면, 세상은 교회로부터 예수 그리스도를 볼 수 있게 될 것입니다. 참 소망을 발견하게 될 것입니다.

'성령으로 예수님을 증거하는 삶'에 대해 생각해보기

01. 예수님을 전하다 핍박을 받아본 적 있습니까, 그때 어떤 생각이 들었습니까?

02. 복음을 전하다가 핍박을 당해야 했던 사도들은 어떤 반응을 보입니까(행 5:41-42)?

03. 교회가 해야 할 가장 중요한 일이 무엇입니까?

04. 예수님을 증거하는 삶을 살기 위한 구체적인 계획을 세워보세요.

* 암송 구절 – 사도행전 5:42

2부

성령,
인생에 살다

chapter 04

면류관을 향해
가는 인생

"스데반이 성령 충만하여 하늘을 우러러 주목하여 하나님의 영광과 및 예수께서 하나님 우편에 서신 것을 보고 말하되 보라 하늘이 열리고 인자가 하나님 우편에 서신 것을 보노라 한 대 그들이 큰 소리를 지르며 귀를 막고 일제히 그에게 달려들어 성 밖으로 내치고 돌로 칠새 증인들이 옷을 벗어 사울이라 하는 청년의 발 앞에 두니라 그들이 돌로 스데반을 치니 스데반이 부르짖어 이르되 주 예수여 내 영혼을 받으시옵소서 하고 무릎을 꿇고 크게 불러 이르되 주여 이 죄를 그들에게 돌리지 마옵소서 이 말을 하고 자니라" (사도행전 7:55-60)

면류관을 향해 가는 인생

예수님께서 승천하신 후, 120여 명의 제자들은 마가의 다락방에 모여 오로지 기도에 힘썼습니다. 그리고 오순절이 이르렀을 때 그들 모두는 성령을 충만하게 받고 복음의 전파자가 되었습니다. 각 나라 방언으로 하나님의 크신 일을 증거했습니다. 수많은 표적과 기사가 그들을 통해 나타났습니다.

그 결과 허다한 무리가 예수님께로 돌아왔습니다. 당시 종교 지도자들과 정치 지도자들로부터 심한 박해와 핍박을 받았습니다. 공회에 끌려가 심문을 받고, 매를 맞고, 투옥을 당했지만 조금도 굴하지 않고 복음을 전했습니다. 성전에 있든지, 집에 있든지 예수는 그리스도라고 가르치기와 전도하기를 쉬지 않았습니다. 그 결과 성도의 수가 폭발적으로 증가했습니다.

성도의 수가 증가함에 따라 위기를 겪기도 했습니다. 그러나 위기 앞에서도 초대 교회는 흔들리지 않았습니다. 오히려 위기를 기회로 삼았습니다. 사도들은 말씀과 기도에 전무하게 되었고, 일곱 명의 집사를 세워 성도들을 섬기는 일에 집중할 수 있게 했습니다.

초대 교회의 집사로 세워진 사람들이 누구입니까? 성령과 지혜가 충만한 사람 일곱 즉, 스데반과 빌립과 브로고로와 니가노르와 디몬과 바메나와 유대교에 입교한 안디옥 사람 니골라가 집사로 세워졌습니다.

> "온 무리가 이 말을 기뻐하여 믿음과 성령이 충만한 사람 스데반과 또 빌립과 브로고로와 니가노르와 디몬과 바메나와 유대교에 입교했던 안디옥 사람 니골라를 택하여 사도들 앞에 세우니 사도들이 기도하고 그들에게 안수하니라" (사도행전 5:5-6)

최초의 집사들이 세워질 때 자격 요건은 단 두 가지였습니다. 하나는 신앙적인 조건으로 믿음과 성령이 충만해야 했고, 다른 하나는 인격적인 조건으로 사람들에게 칭찬을 듣는 삶을 살아야 했습니다.

초대 교회 집사들이 세워지는 모습은 오늘날 교회에 직분자를 세울 때 어떤 기준을 적용해야 하는지에 대한 정말 중요한 교훈을 주고 있습니다.

어떤 사람이 하나님의 일을 감당해야 합니까? 경험이 많은 사람, 학식이 많은 사람, 많이 배운 사람, 세상에서 권력을 가진 사람, 물질과 재능이 많은 사람, 사회적인 지위나 명성이 있는 사람입니까? 아닙니다. 성경은 성령과 지혜가 충만하고 사람들에게 칭찬을 듣는 사람이 하나님의 일을 감당해야 한다고 말씀합니다.

얼마 전, "한 해 문 닫는 교회 3,000곳"이라는 기사를 본 적이 있습니다. 기사에는 문 닫는 교회의 특징 10가지가 소개되었습니다. 그 중 세 번째로 소개된 것이 바로 직분자에 관한 것이었는데, 교만한 일꾼들이 세워질 때 교회는 힘을 잃는다는 내용이었습니다.

직분자를 세울 때 사람이 없다고 아무나 세우거나, 급하다고 준비되지 않은 사람을 세워서는 안 됩니다. 직분자로 세워지면 직분자답게 일하게 된다고 하는 사람들도 있지만, 그것은 성경적 원리가 아닙니다. 성경은 공동체가 한 마음이 되어 기도하고 관찰하여 성령과 지혜가 충만한 사람을 세워야 한다고 가르칩니다.

초대 교회에 처음으로 문제가 발생했을 때, 그들도 적잖이 당황했을 것입니다. 그러나 그 문제는 섬기는 사람이 바로 세워졌을 때 잘 해결될 수 있었고, 위기는 또 다른 디딤돌이 되어 부흥의 역사가 더해져 갔습니다.

스데반

집사로 세워졌다고 교회의 허드렛일만을 했을 거라고 생각할 수 있지만 그렇지 않습니다. 초대 교회의 집사들은 교회에서 묵묵히 섬기는 일을 했을 뿐만 아니라, 큰 기사와 표적을 행하며 복음을 전하는 일도 감당했습니다.

초대 교회 일곱 명의 집사들 중 가장 먼저 이름이 언급되는 사람이 바로 스데반입니다. 스데반은 은혜와 권능이 충만하여 큰 기사와 표적을 행했고, 예수 그리스도의 복음을 전하는 일에 누구보다 앞장서는 삶을 살았습니다.

> "스데반이 은혜와 권능이 충만하여 큰 기사와 표적을 민간에 행하니 이른 바 자유민들 즉 구레네인, 알렉산드리아인, 길리기아와 아시아에서 온 사람들의 회당에서 어떤 자들이 일어나 스데반과 더불어 논쟁할새 스데반이 지혜와 성령으로 말함을 그들이 능히 당하지 못하여" (사도행전 6:8-10)

스데반이 복음을 전하던 중 '리버디노 회당'에 소속된 사람들과 논쟁을 벌이게 되었습니다. 그들은 종으로 있다가 자유를 얻은 유대 사람들의 집단이었습니다. 토론의 주제가 정확히 무엇이었는지는 진술되지 않았지만, 예수님의 그리스도 되심에 관한 논쟁이었을 것입니다.

사람들이 지혜와 성령으로 말하는 스데반을 당해낼 수 없었습니다. 예수님은 승천하시기 전에 제자들에게 지혜와 성령을 주신다고 약속하셨고, 그 약속을 신실하게 지키심으로써 스데반의 복음 증거 사역을 힘 있게 하셨습니다.

> "사람이 너희를 회당이나 위정자나 권세 있는 자 앞에 끌고 가거든 어떻게 무엇으로 대답하며 무엇으로 말할까 염려하지 말라 마땅히 할 말을 성령이 곧 그 때에 너희에게 가르치시리라 하시니라" (누가복음 12:12)

> "이 모든 일 전에 내 이름으로 말미암아 너희에게 손을 대어 박해하며 회당과 옥에 넘겨주며 임금들과 집권자들 앞에 끌어가려니와 이 일이 도리어 너희에게 증거가 되리라 그러므로 너희는 변명할 것을 미리 궁리하지 않도록 명심하라 내가 너희의 모든 대적이 능히 대항하거나 변박할 수 없는 구변과 지혜를 너희에게 주리라" (누가복음 12:15)

스데반과 논쟁했던 사람들이 언변으로 그를 당해내지 못하자 모함하기 시작했고, 사람들을 매수하여 스데반에 대해 거짓 증언을 하게 했습니다.

> "사람들을 매수하여 말하게 하되 이 사람이 모세와 하나님을 모독하는 말을 하는 것을 우리가 들었노라 하게 하고 백성과 장로와 서기관들을 충동시켜 와서 잡아가지고 공회에 이르러 거짓 증인들을 세우니 이르되 이 사람이 이 거룩한 곳과 율법을 거슬러 말하기를 마지 아니하는도다 그의 말에 이 나사렛 예수가 이 곳을 헐고 또 모세가 우리에게 전하여 준 규례를 고치겠다 함을 우리가 들었노라 하거늘" (사도행전 6:11-14)

그로 인해 스데반은 공회에 끌려가야 했습니다. 쉬운 말로 스데반을 법정에 끌고 간 것입니다. 그곳에서 조롱당하고, 온갖 모함을 받아야 했습니다. 스데반이 얼마나 억울했겠습니까? 열심히 섬기며 복음을 전하는 삶을 살았을 뿐인데 공회에 끌려와 모욕을 당했으니 말입니다.

사람들을 매수하고 거짓 증언하게 하여 스데반으로 하여금 공회에 서게 만든 사람들이 누구입니까? 9절에 보면, "구레네인, 알렉산드리아인, 길리기아와 아시아에서 온 사람들"이라고 되어 있습니다. 유대인이 아니라 팔레스타인 밖에 살다가 오순절에 예루살렘에 온 사람들이었습니다.

그들은 자신들과 같은 처지에 있던 헬라파 과부들을 돕기 위해 뽑힌 사람들 중에 대표 격인 스데반에게 그런 짓을 행했습니다. 억울하게 누명을 씌워 법정에 세웠습니다. 핍박을 하고 박해를 가했습니다. 은혜를 원수로 갚는 배은망덕한 일을 행한 것입니다.

얼굴이 천사와 같더라

만일 내가 스데반이었다면 어땠을까 생각해 보십시오. 열심히 복음을 전했는데 그 결과가 죄인처럼 취급을 당하고 모욕을 당하는 것이라면 어떨까요? 구령의 마음으로 다가가 복음을 전했는데, 그들로부터 고소를 당하고 핍박을 당해야 했다면 어떤 기분이 들었겠습니까?

억울하지 않았을까요? 복수심에 불타오르지 않았겠습니까? 그런데 스데반에게서는 그런 모습을 전혀 찾아볼 수 없습니다.

> "공회 중에 앉은 사람들이 다 스데반을 주목하여 보니 그 얼굴이 천사의 얼굴과 같더라" (사도행전 6:15)

성경은 스데반의 얼굴이 천사와 같았다고 말씀합니다. 정말 이해하기 어려운 장면입니다. 그러나 그것이 바로 성령의 능력이고, 복음의 능력입니다. 성령의 사람은 그 어떤 상황과 환경 속에서도 얼굴이 해 같이 빛납니다. 범접할 수 없는 광채로 빛나고 세상 그 어디에서도 찾아볼 수 없는 아름다운 형상이 얼굴에 나타납니다.

출애굽기 34장에 보면 모세가 두 개의 증거판을 가지고 시내 산에서 내려왔을 때 얼굴에서 광채가 났다고 합니다. 또한 마태복음 17장 9절에 보면 예수님께서 변화산에서 옷의 희기가 아주 흰 눈과 같고 얼굴에는 광채가 났다는 표현이 나옵니다.

얼굴은 영혼과 마음의 상태를 보여줍니다. 투명한 유리병에 파란 음료를 넣으면 파란색으로 보이고, 빨간 음료를 넣으면 빨간색으로 보이는 것과 같습니다. 얼굴은 마치 영혼의 거울과 같아서 그 마음에 무엇을 담고 있는지 얼굴의 표정을 통해 나타나게 되어 있습니다.

얼굴의 외형은 부모의 유전인자가 결정하지만 표정은 스스로 만들어 가는 것입니다. 아무리 미남 미녀일지라도 나쁜 마음을 품고 악한 행동을 한다면 그의 얼굴에서는 끔찍한 표정이 보일 것입니다. 아무리 부족한 외형을 가지고 있다 해도 늘 고운 마음을 갖고, 남들에게 사랑을 베풀고, 기쁘고 유쾌하게 사는 사람의 얼굴은 모두의 마음을 행복하게 만들어

줄 것입니다.

중요한 것은 겉모습이 아닙니다. 마음과 영혼의 상태가 더 중요합니다. 인격에서 나오는 존귀한 품격, 영혼에서 나오는 은은한 향기, 올곧은 삶에서 느껴지는 기품이 느껴져야 합니다. 얼굴의 잘나고 못남을 탓하지 말고 신앙과 인격으로 아름다운 표정을 만들어 가야 합니다.

한 대학교에서 '만일 어떤 사람으로 복제된다면 누구로 복제되고 싶은가?'라는 설문 조사를 한 결과 가장 많은 사람들이 '백범 김구'를 선택했습니다.

백범은 어렸을 때 수두를 앓아서 얼굴에 수두 앓은 흔적이 있었습니다. 얼굴이 잘 생기지도 못했습니다. 백범이 훗날 관상학을 공부한 후에 자신의 얼굴을 이렇게 평가했습니다. "천격에 빈격과 흉격을 겸하였다." 천격은 천하고, 빈격은 가난하고, 흉격은 흉하다는 의미입니다.

그러나 조국을 위해, 민족을 위해 온 생애를 쏟아 헌신한 결과 백범은 수많은 사람들이 닮고 싶어 하는 인물이 되었습니다. 지난 3월 1일 대통령이 주관하는 국무회의도 백범 기념관에서 했습니다. 우리나라 현대사에 가장 존경하고 흠모하는 인물이 된 것입니다.

미국인들이 가장 존경하는 인물이 링컨(Abraham Lincoln)입니다. 링컨의 얼굴은 좀 이상하게 생겼습니다. 링컨을 경호했던 사람들이 그의 얼굴을 가리켜 길쭉한 원숭이 얼굴이라고 할 만큼 외모가 준수하지는 못했습니다.

그런데 그러한 링컨이 미국 사람들이 가장 존경하는 인물로 평가받는 이유가 무엇입니까? 자유와 평등에 온 힘을 기울인 그의 삶과 그가 지켜온 올곧은 신앙의 가치 때문입니다. 어떤 마음과 정신을 갖고, 어떠한 가치를 위해 사느냐가 중요합니다.

스데반을 보십시오. 그는 믿음이 충만하고 아름다운 표정을 지닌 사람이었습니다. 사람들이 그를 볼 때 마치 천사를 보는 것 같이 느낄 정도였습니다. 예수 그리스도를 따르는 사람들이라면 그와 같은 표정을 가지고 있어야 합니다. 가정에서 배우자와 자녀들을 대할 때 천사와 같은 표정으로 대해야 합니다. 직장에서 동료들이 볼 때도 우리 얼굴에서 천사의 모습이 보여야 합니다.

말씀으로 꽉 찬 사람

사도행전 7장 1절 이하의 내용을 보면 공회 앞에 심문을 받고 있는 스데반의 모습이 나옵니다. 자신을 심문하는 사람들을 향해 스데반이 설교를 합니다.

그의 설교를 자세히 살펴보면, 아브라함으로부터 시작하여 솔로몬에 이르기까지 구약의 모든 역사를 얼마나 자세하게 꿰고 있는지 알게 됩니다. 아브라함의 일대기와 그의 할례 이야기, 이삭과 야곱의 일대기, 요

셈 이야기, 이스라엘 백성이 애굽에서 겪은 이야기, 모세를 통한 출애굽, 광야, 성막, 여호수아와 함께 가나안을 점령한 이야기, 다윗과 솔로몬의 성전 건축 등등 말입니다.

스데반은 말씀으로 꽉 찬 사람이었습니다. 단순히 많은 것을 알고만 있는 것이 아니었습니다. 하나님께서 그 말씀을 통해 가르쳐주시길 원하는 분명한 진리를 제대로 알고 있었습니다. 바로 예수 그리스도입니다. 스데반은 그것을 정확히 알았습니다. 사람들 앞에서 구약의 모든 예언이 예수 그리스도를 가리킨다고 선언했습니다.

스데반은 무리를 향하여 예수님이 하나님이 보내신 메시아인데, 그를 무시하고 받아들이지 않고 죽였다고 그들의 죄를 고발했습니다. 그러자 사람들이 어떤 반응을 보입니까?

> "그들이 이 말을 듣고 마음에 찔려 그를 향하여 이를 갈거늘 스데반이 성령 충만하여 하늘을 우러러 주목하여 하나님의 영광과 및 예수께서 하나님 우편에 서신 것을 보고 말하되 보라 하늘이 열리고 인자가 하나님 우편에 서신 것을 보노라 한 대 그들이 큰 소리를 지르며 귀를 막고 일제히 그에게 달려들어 성 밖으로 내치고 돌로 칠새 증인들이 옷을 벗어 사울이라 하는 청년의 발 앞에 두니라" (사도행전 7:54-58)

스데반이 복음을 다 전했을 때 사람들은 그를 죽이기 위해 달려들었습니다. "마음에 찔려"라는 단어의 원어적 의미는 "크게 노하여 감정이 격해지다"입니다. 성경은 그들이 "이를 갈았다"고 묘사합니다. 이 표현은 그들이 마치 살기등등한 맹수의 모습을 하고 있었다는 것을 보여주는 것입니다.

그들은 스데반이 전하는 복음에 분노했고, 귀를 막은 채로 달려들어 스데반을 성 밖으로 끌고 나갔습니다. 그리고 돌로 쳐서 죽였습니다. 그렇게 스데반은 초대 교회 최초의 순교자가 되었습니다. 그런데 스데반이 죽는 그 순간 목격한 것이 무엇입니까?

> "성령 충만하여 하늘을 우러러 주목하여 하나님의 영광과 및 예수께서 하나님 우편에 서신 것을 보고" (사도행전 7:55)

그는 마지막 순간에 하나님의 영광을 보았습니다. 어떤 신학자는 그 장면을 가리켜 이렇게 이야기했습니다. '예수님이 초대 교회 최초의 순교자인 스데반의 죽음을 보시며 차마 앉아서 보실 수가 없어서 벌떡 일어나셨다.'

인생의 마지막 순간, 삶을 마감할 때, 여러분이 보고 싶은 것은 무엇입니까? 생의 마지막 순간 하나님의 영광을 볼 수 있다면 그 인생이야말로 승리한 인생이라 할 수 있을 것입니다. 더 나아가 평생을 하나님의 보좌 우편에 앉아계신 주님을 바라보며 살아갈 수 있다면, 그 인생이야말로 복 있는 인생이라 할 것입니다.

> "이러므로 우리에게 구름 같이 둘러싼 허다한 증인들이 있으니 모든 무거운 것과 얽매이기 쉬운 죄를 벗어 버리고 인내로써 우리 앞에 당한 경

> 주를 하며 믿음의 주요 또 온전하게 하시는 이인 예수를 바라보자 그는 그 앞에 있는 기쁨을 위하여 십자가를 참으사 부끄러움을 개의치 아니하시더니 하나님 보좌 우편에 앉으셨느니라" (히브리서 12:1-2)

예수님을 닮은 삶

스데반은 예수님처럼 살다가 예수님처럼 순교한 사람이라고 할 수 있습니다. 스데반은 불의한 사람들에게 억울한 누명을 쓰고 재판을 받았습니다. 죄 없이 형벌을 당해 죽었습니다. 예수님도 그렇게 죽으셨습니다. 아무런 죄가 없음에도 불구하고 불의한 자들에게 고난을 당하시고 십자가에 못 박혀 죽으셨습니다.

예수님께서는 십자가 위에서 마지막으로 일곱 마디의 말씀을 남기셨습니다. 가상칠언이라 부릅니다. 그 중에 가장 먼저 하신 말씀이 무엇입니까?

> "예수께서 이르시되 아버지 저들을 사하여 주옵소서 자기들이 하는 것을 알지 못함이니이다 하시더라 그들이 그의 옷을 나눠 제비 뽑을새" (누가복음 23:34)

예수님은 십자가 위에서도 당신의 안위보다 죄인들의 용서를 구하셨습니다. 두 번째 말씀은 옆의 강도에게 하신 말씀입니다.

> "이르되 예수여 당신의 나라에 임하실 때에 나를 기억하소서 하니 예수께서 이르시되 내가 진실로 네게 이르노니 오늘 네가 나와 함께 낙원에 있으리라 하시니라" (누가복음 23:42-43)

예수님은 또한 요한에게 어머니 마리아를 모실 것을 이야기하셨고(요 19:26-27), 하나님께 버림받으심에 대하여 절규하셨습니다(마 27:46). 또한 목마르다는 말씀(요 19:28)과 하나님의 모든 뜻을 다 이루셨다는 말씀(요 19:30)을 남기셨습니다. 그리고 마지막으로 남기신 말씀이 무엇입니까?

> "예수께서 큰 소리로 불러 이르시되 아버지 내 영혼을 아버지 손에 부탁하나이다 하고 이 말씀을 하신 후 숨지시니라" (누가복음 23:46)

예수님은 당신의 영혼을 하나님 아버지의 손에 부탁하셨습니다. 그런데 스데반도 마지막 순간 자신의 영혼을 주님께 부탁합니다. 뿐만 아니라, 자신에게 돌을 던지는 자들의 죄를 용서해 달라고 간청합니다.

> "그들이 돌로 스데반을 치니 스데반이 부르짖어 이르되 주 예수여 내 영혼을 받으시옵소서 하고 무릎을 꿇고 크게 불러 이르되 주여 이 죄를 그들에게 돌리지 마옵소서 이 말을 하고 자니라" (사도행전 7:59-60)

죽음의 순간만 예수님을 닮은 것이 아닙니다. 스데반은 평생 예수님을 구주와 주님으로 모시고 그분을 닮아가는 신실한 삶을 살았기 때문에 그의 마지막도 주님을 닮을 수 있었던 것입니다.

스데반은 평신도였습니다. 그럼에도 불구하고 그는 기독교 최초의 순교자가 되었습니다. 베드로와 야고보와 요한과 같은 사도들이 아니었습니다. 스데반의 이름의 뜻은 '면류관'입니다. 예수 그리스도와 복음을 위해 목숨을 드린 스데반은 모든 제자 가운데 최초로 예수님께 면류관을 받아쓰는 영광을 얻었습니다.

직분으로 면류관을 얻는 것이 아닙니다. 귀한 직분이 있고 천한 직분이 있는 것이 아닙니다. 교회 내에 중요한 일이 있고 중요하지 않은 일이 있는 것도 아닙니다. 우리 모두는 각기 사명이 다르고 감당해야 할 일도 다릅니다. 중요한 것은 주어진 삶의 길이 동안에 얼마나 하나님 앞에 충성하며, 예수님을 닮아가는 삶을 살아냈느냐 하는 것입니다.

평생을 주님을 닮아가다가 마지막 순간에도 예수님을 닮은 모습으로 그분의 품에 안길 수 있어야 합니다. 어쩌면 예수님을 닮은 모습이야말로 우리가 사모해야 할 가장 아름다운 면류관이 아닐까 싶습니다.

풀무불 속에서 빛나는 신앙

어쩌면 우리는 너무 풍족하고 행복한 삶의 환경 속에서 게으르고 나태한 신앙생활을 하고 있는 것은 아닌지 모르겠습니다. 기독교 역사상 가장 아름답고 순전한 신앙은 박해와 핍박이 있을 때 나타났습니다. 생명이 위협을 받을 때 더 깊은 신앙, 더 깨끗한 신앙을 유지할 수 있었습니다.

충북 옥천에는 전통 방식으로 도자기를 굽는 '옥천요(窯)'가 있습니다. 그곳에서는 요즘 보기 드문 전통 장작 가마를 볼 수 있습니다. 전통 방식으로 도자기를 굽는 과정을 보면 먼저 800-900도의 온도에서 5-6시간 정도 초벌구이를 합니다. 초벌구이가 끝나면 모두 꺼내어 겉에 묻은 재를 털어내고 유약을 바른 다음 재벌구이를 합니다.

재벌구이 때의 가마 온도는 1,200도에서 1,300도에 육박한다고 합니다. 화력을 좋게 하기 위해 3년 이상 건조한 소나무만을 사용한다고 합니다. 놀라운 것은 불의 온도와 바람 등에 따라 다양한 색을 내는 자기가 만들어진다는 점입니다. 흙이 불을 만나면 세상에 단 하나뿐인 작품이 될 수 있습니다.

우리도 마찬가지입니다. 하나님께서 우리를 고난과 역경의 가마로 밀어 넣으실 때가 있습니다. 가장 순결하고 아름다운 작품, 예수 그리스도를 닮은 작품으로 우리를 만들어내시기 위함입니다. 고난과 역경이 없는 삶은 아름다운 신앙의 빛깔을 낼 수 없습니다.

초대 교회는 고난과 핍박을 만나 더욱 순전한 공동체로 지어져 갔습니다. 고난과 역경의 터널을 지나고 있습니까? 고난의 풀무가 더 아름다운 신앙의 빛깔을 만들어 낼 것입니다. 견디고 인내하십시오. 예수님을 닮은 인격과 품성을 갖게 될 것입니다. 스데반처럼 천사와 같은 얼굴로 빛나는 삶, 말씀으로 꽉 찬 인생, 생의 마지막 순간까지 예수님을 닮아가도록 열심히 살아가시길 바랍니다. 그리하여 주님이 예비하신 영광의 면류관을 받아쓰는 복된 인생이 되길 바랍니다.

| '면류관을 향해 가는 인생'에 대해 생각해보기

01. 초대 교회 7명의 집사는 누구입니까, 어떤 사람들이 집사로 세워졌습니까?

02. 죽음 앞에서의 스데반은 어떤 모습이었습니까?(행 6:15)

03. 죽음 앞에서 스데반이 목격한 장면은 무엇입니까?(행 7:55)

04. 스데반을 통해 배우고 싶은 삶의 모습이 있습니까? 함께 나눠보세요.

* 암송 구절 – 사도행전 6:15

chapter 05

순종의 길을 걷는 인생

"빌립이 사마리아 성에 내려가 그리스도를 백성에게 전파하니 무리가 빌립의 말도 듣고 행하는 표적도 보고 한마음으로 그가 하는 말을 따르더라 많은 사람에게 붙었던 더러운 귀신들이 크게 소리를 지르며 나가고 또 많은 중풍병자와 못 걷는 사람이 나으니 그 성에 큰 기쁨이 있더라" (사도행전 8:5-8)

순종의 길을 걷는 인생

사도행전은 교회의 탄생과 더불어 그 교회를 통하여 어떻게 선교의 역사가 진행되었는지를 보여줍니다. 사도행전에서 살펴볼 수 있는 초대 교회에는 몇 가지 특징이 있었습니다.

먼저 초대 교회는 급성장한 교회였습니다. 처음에는 약 120여 명의 제자들이 모여 기도하던 공동체였습니다. 그런데 오순절 성령 강림 사건 후 그들은 담대히 복음을 전했고 교회가 탄생했습니다. 이후 이어지는 내용을 보면, 베드로의 설교를 듣고 3,000명이 침례를 받아 교회의 일원이 되었다는 것을 알 수 있습니다(행 2:31).

그뿐 아닙니다. 사도행전 2장 47절은 "주께서 구원받는 사람을 날마다 더하게 하시니라"라고 말씀합니다. 매일 믿는 사람이 더해져 갔다는 것입니다. 더 나아가 4장 4절에는 "말씀을 들은 사람 중에 믿는 자가 많으니 남자의 수가 약 오천이나 되었더라"라고 기록되어 있습니다. 16장 5절에도 "이에 여러 교회가 믿음이 더 굳건해지고 수가 날마다 늘어가니라"라고 되어 있습니다.

초대 교회의 또 다른 특징은 기도가 풍성했다는 것입니다. 사도행전 안에만 기도라는 단어가 무려 27번 등장합니다. 사도행전의 역사는 기도로 시작하여, 기도로 진행되었다는 것을 알 수 있습니다. 가장 먼저 기도에 관한 내용이 나타나는 곳이 사도행전 1장입니다.

> "여자들과 예수의 어머니 마리아와 예수의 아우들과 더불어 마음을 같이하여 오로지 기도에 힘쓰더라" (사도행전 1:14)

예수님께서 승천하신 이후에 제자들은 예수님의 모친 마리아와 여자들, 그리고 예수님의 아우들로 더불어 마음을 같이하여 오로지 기도하기에 힘썼습니다.

> "그들이 사도의 가르침을 받아 서로 교제하고 떡을 떼며 오로지 기도하기를 힘쓰니라" (사도행전 2:42)

초대 교회는 서로 교제하며 기도하는데 온 힘을 다 쏟아 부었습니다. 기도에 몰입한 것입니다. 그 후로도 기도에 관한 내용은 계속해서 나옵니다. 교회가 있는 곳, 성령의 역사가 있는 곳엔 언제나 기도가 선행되었다는 것을 알 수 있습니다. 최초로 이방인에게 복음이 전해질 때도, 안디옥 교회가 최초의 선교사를 파송할 때도 초대 교회는 먼저 기도를 앞세웠습니다.

그런가 하면 초대 교회는 핍박과 박해를 심하게 받았다는 특징도 있습니다.

> "사도들이 백성에게 말할 때에 제사장들과 성전 맡은 자와 사두개인들이 이르러 예수 안에 죽은 자의 부활이 있다고 백성을 가르치고 전함을 싫어하여 그들을 잡으매 날이 이미 저물었으므로 이튿날까지 가두었으나" (사도행전 4:1-3)

미움을 받고, 멸시를 당했습니다. 심지어 옥에 갇히기도 했습니다. 공회에 끌려가 심문을 받기도 했으며, 고소를 당해 법정에 끌려가 고문을 당하기도 했습니다. 그 모든 것이 다 복음을 전한 까닭이었습니다. 초대 교회는 복음으로 말미암은 핍박과 박해를 견뎌내야 했습니다.

그러던 중 일어난 사건이 스데반의 순교입니다.

> "그들이 돌로 스데반을 치니 스데반이 부르짖어 이르되 주 예수여 내 영혼을 받으시옵소서 하고 무릎을 꿇고 크게 불러 이르되 주여 이 죄를 그들에게 돌리지 마옵소서 이 말을 하고 자니라 사울은 그가 죽임 당함을 마땅히 여기더라 그 날에 예루살렘에 있는 교회에 큰 박해가 있어 사도 외에는 다 유대와 사마리아 모든 땅으로 흩어지니라" (사도행전 7:59-8:1)

스데반의 순교 이후 예루살렘에 큰 핍박이 일어났고, 사도 외에 모든 성도들이 유대와 사마리아 여러 지역으로 흩어졌습니다. 그런데 그것이 끝이 아니었습니다. 계속해서 이어지는 내용을 보면, 사울이 교회를 잔멸하려고 했다고 기록되어 있습니다. 잔멸한다는 한자어의 뜻은 "남을 잔(殘), 멸할 멸(滅)"입니다. 예수님을 믿는 사람들을 하나도 남김없이 다 없애려 했다는 것입니다.

또한 초대 교회는 예수 그리스도의 복음을 아주 신실하게 증거했다는 특징이 있습니다. 그들은 가는 곳마다 주의 복음을 전했습니다. 사도들을 통한 기사와 표적이 많이 일어났습니다. 끊임없는 구원의 간증이 있었습니다. 말로만 전한 것이 아니라 삶으로도 복음을 전했습니다.

초대 교회는 세상이 흉내 낼 수 없는 사랑의 실천이 있었습니다. 집과 밭이 있는 사람이 그것을 팔아서 어려운 지체의 필요를 채워줬습니다. 모두가 유무상통하는 아름다운 사랑의 공동체, 섬김의 공동체였습니다. 그런 모습을 통해 주변 사람들에게 칭송을 받는 그런 공동체였습니다.

그런가 하면 초대 교회는 위기를 지혜롭게 극복하기도 했습니다. 히브리파 과부들과 헬라파 과부들 사이에 갈등이 생겼을 때, 일곱 명의 집사를 세우되 헬라파 과부들을 잘 돌볼 수 있도록 헬라적 배경이 있는 자들로 세웠습니다. 그들의 섬김으로 교회는 위기를 극복하고 더욱 성장할 수 있었습니다.

초대 교회는 분명 아름다운 공동체였습니다. 복음에 대한 열정이 있었고, 서로를 향한 사랑의 섬김이 있었고, 주변 많은 이들에게 칭송을 들었습니다. 성령의 역사가 강하게 나타나며 매일 구원받는 사람들이 더해지는 교회였습니다.

초대 교회가 놓친 것

초대 교회 공동체가 한 가지 놓친 것이 있었습니다. 그것은 바로 복음이 민족적 경계를 넘어 땅끝까지 전해져야 한다는 것입니다. 복음이 예루살렘에만 머물러 있을 수는 없었습니다.

> "오직 성령이 너희에게 임하시면 너희가 권능을 받고 예루살렘과 온 유대와 사마리아와 땅끝까지 이르러 내 증인이 되리라 하시니라" (사도행전 1:8)

초대 교회는 예루살렘에 머물러 있었습니다. 그것은 주님이 원하시는 바가 아니었습니다. 초대 교회를 향한 주님의 뜻은 모든 족속에게 다니며 복음을 전파하는 것이었습니다. 초대 교회는 그것을 놓치고 있었습니다.

복음이 한 곳에만 머물러 있다면 그것은 잘못된 것입니다. 복음이 나 자신에게만 머물러 있고, 나를 통해 다른 사람에게 흘러가지 않으면 문제가 있는 것입니다. 복음이 교회 안에서만 외쳐지는 메아리로 남아선 안 됩니다. 주변에 그리스도를 알지 못하는 가족과 이웃과 동료들에게 복음은 계속해서 흘러가야 합니다.

한때 영국에 복음이 굉장히 흥왕했습니다. 교회가 많이 세워졌습니다. 그런데 영국 교회는 복음을 흘려보내지 않고 자신들 안에만 가두어 두었습니다. 그때 청교도들을 향한 박해가 일어나게 되었고, 청교도 105명이 메이플라워호를 타고 신대륙에 가서 정착하게 됩니다. 그곳에서 미국이라는 기독교 국가가 탄생하게 됩니다. 나가지 않으면 하나님께서 흩으십니다.

초대 교회도 박해를 만나면서 흩어지기 시작했습니다. 초대 교회가 만난 박해는 땅끝을 향해 복음이 전파되게 하시기 위한 하나님의 섭리였던 것입니다. 초대 교회 성도들은 유대와 사마리아 여러 지역으로 흩어지게 되었고, 이동해 간 곳에서 복음을 전했습니다.

사마리아로 간 빌립

박해를 피해 흩어진 사람들 가운데 빌립도 있었습니다. 빌립은 초대 교회 최초의 일곱 집사 가운데 한 사람이었습니다. 그는 박해를 피해 사마리아로 갔습니다. 예수님께서 승천하시기 전 복음이 예루살렘을 넘어 온 유대와 사마리아와 땅끝까지 전파될 것이라고 하셨는데, 그것이 실현되고 있는 모습을 볼 수 있습니다.

"빌립이 사마리아 성에 내려가 그리스도를 백성에게 전파하니" (사도행

전 8:5)

사마리아가 어떤 곳입니까? 사마리아는 북방 이스라엘의 수도입니다. 남방 유다의 수도는 예루살렘입니다. 원래 하나였던 민족이 나뉜 것입니다. 둘로 나뉘기 전에는 통일 왕조로 한 민족을 이루고 살았습니다. 솔로몬 왕 이후로 북방에는 그의 신하 여로보암이 사마리아를 수도로 정해서 이스라엘을 세웠고, 남방에는 솔로몬의 아들 르호보암이 예루살렘에 수도를 정하여 유다를 세우게 된 것입니다.

북방 이스라엘은 세워진지 210년 만인 주전 722년에 앗수르의 침공을 받아서 멸망하게 됩니다. 그때 사마리아 사람들은 앗수르 사람들과 혼인하여 혼혈 민족이 되었습니다. 그때부터 전통적인 유대인들은 사마리아인들을 유대인으로 여기지 않았고 개처럼 대했습니다. 사마리아 땅을 밟는 것도 수치스럽게 여겨 그쪽 길로는 다니지 않았습니다.

어쩌면 빌립이 생각할 때 그런 사마리아가 가장 안전한 곳이라고 생각되었을지도 모르겠습니다. 유대인들의 발길이 닿지 않는 곳이었기 때문에 핍박을 피할 수 있을 거라고 생각했을 수도 있습니다. 그런데 중요한 것은 빌립은 그곳에서도 복음을 전했고, 복음이 전해지는 곳에 성령의 역사가 나타났다는 것입니다.

"무리가 빌립의 말도 듣고 행하는 표적도 보고 한마음으로 그가 하는 말을 따르더라 많은 사람에게 붙었던 더러운 귀신들이 크게 소리를 지르며 나가고 또 많은 중풍병자와 못 걷는 사람이 나으니 그 성에 큰 기쁨

이 있더라" (사도행전 8:6-8)

성령께서는 복음을 전하는 빌립과 함께 하셨습니다. 복음의 흥왕한 역사가 빌립을 통해 일어났습니다. 사마리아 성에 이전에 경험해보지 못한 큰 기쁨이 임했습니다. 복음을 전하는 사람과 성령은 함께 하십니다. 성령께서 역사하실 때 세상이 알지 못하는 위대한 일들을 감당할 수 있습니다.

빌립에게도 분명 사마리아인들을 향한 편견이 있었을 것입니다. 다가가 복음을 전하는 것이 쉽지 않았을 것입니다. 어쩌면 서로가 불편했을 수도 있었을 것입니다. 그러나 빌립은 담대히 복음을 전했고, 성령께서는 그러한 빌립을 통해 크신 역사를 이루어 주신 것입니다.

성령은 오늘날에도 복음을 전하는 자들과 함께 하시며 놀라운 일을 행하십니다. 성령의 사람이 있는 곳에는 구원의 역사가 더해집니다. 그로 말미암아 하늘의 기쁨이 임하게 됩니다. 죄와 사망으로 죽었던 자들이 복음을 듣고 구원받아 하나님의 자녀가 되는 것 외에 더 큰 기쁨이 무엇이 있겠습니까?

오늘날 우리나라만 해도 수천 개의 교회가 있습니다. 매주일 예배드리기 위해 모이는 사람들만 해도 수천만 명에 이릅니다. 그런데 과연 우리가 있는 곳에 큰 기쁨이 임하고 있는지는 의문입니다. 하나님의 역사는 사람의 많고 적음에 있지 않습니다. 단 한 사람이어도 그의 안에 복음의 열정이 충만하고, 성령이 함께 하신다면 얼마든지 놀라운 역사는 일어날 수 있습니다.

그리스도를 전하다

빌립은 초대 교회 최초의 일곱 집사 중에 한 사람이었습니다. 빌립이 집사로 뽑혔다는 것은 그가 성령과 지혜가 충만한 사람이었다는 것을 보여줍니다. 또한 사람들에게 인정받고 칭찬을 듣는 사람이었다는 것을 알 수 있습니다. 그것이 초대 교회가 집사를 뽑을 때의 기준이었기 때문입니다.

빌립은 사마리아에서 자신을 전하지 않았습니다. 다른 어떤 것을 내세우지도 않았습니다. 그는 오직 한 분 예수 그리스도를 전했습니다. 방금 전에 스데반이 예수님을 전하다 순교하는 것을 보았고, 수많은 성도들이 그 이름을 전하다 고향을 떠나 도망치는 모습을 보았습니다.

그런데 그럼에도 불구하고 빌립은 사마리아에서도 담대히 예수 그리스도를 전했습니다. 그 결과 사마리아의 수많은 사람들이 주님께로 돌아왔습니다. 귀신이 쫓겨나가고 중풍병자들과 앉은뱅이들이 나음을 입었습니다. 난치병 환자가 고침을 받았습니다. 복음을 전하는 곳에는 반드시 성령께서 역사하십니다.

오늘날에도 수많은 선교지에서 복음을 전할 때 놀라운 역사들이 일어난다는 보고를 듣게 됩니다. 예수 그리스도의 이름으로 선포할 때 성령께서 강하게 역사하시는 것을 목격하게 됩니다. 도저히 바뀌지 않을 것 같은 사람들이 변화를 받고, 절대 예수님을 믿지 않을 것 같은 사람들이 예수님을 영접하는 역사가 일어납니다.

오늘날 기독교를 향한 사회의 신뢰도가 땅에 떨어진지 오래입니다. 그래서 복음을 전하는 것이 너무 어려운 시대라고 말합니다. 그러나 빌립의 모습을 떠올려 보십시오. 빌립이 사마리아 사람을 불편해 했듯이, 사마리아 사람들도 빌립에 대해 불편함을 느꼈을 것입니다. 빌립에게도 전도하기 어려운 문제는 있었습니다.

어느 시대를 막론하고 복음을 전하기 어려운 상황은 늘 있습니다. 그러나 그럼에도 불구하고 예수 그리스도는 전파되어야 합니다. 전하지 않아 문제이지 전하면 반드시 성령께서 역사하십니다. 복음이 전해지는 곳을 변화시키십니다.

입을 열어 복음을 전하고, 삶으로 복음을 믿는 자의 삶을 보여줘야 합니다. 그럴 때 우리가 있는 곳에 하늘의 기쁨이 임할 것입니다. 가족들에게, 직장에서, 학교에서, 동아리에서 예수 그리스도를 전하십시오. 어디서든, 누구를 만나든지 담대히 복음을 전하길 바랍니다.

큰 기쁨이 임하다

사마리아 사람들이 경험한 기쁨은 세상의 기쁨이 아니었습니다. 재미있는 개그 프로그램을 보며 얻는 기쁨, 돈을 많이 벌어서 얻은 기쁨, 소원의 성취로 말미암은 기쁨이 아니었습니다.

더러운 귀신들이 떠나고, 많은 중풍병자와 못 걷는 사람이 나았다는 것은 그곳에 하나님 나라가 임했다는 것을 의미합니다. 예수님의 오심과 함께 하나님 나라가 이 땅에 임했습니다. 예수님이 계신 곳마다 하나님 나라가 임했습니다. 예수님은 성령을 통해 빌립과 함께 그 일을 계속해서 해나가고 계신 것입니다.

성령의 사람은 자신이 있는 곳을 하나님의 나라로 변화시킵니다. 하나님 나라가 임한 곳에는 기쁨이 있습니다. 화해가 있고 용서가 있고 사랑이 있습니다. 세상에서는 경험해 보지 못한 은혜와 긍휼과 평강이 있습니다. 그 모든 것을 통틀어 '큰 기쁨'이라 표현한 것입니다.

성령이 함께 하시는 사람이라는 증거, 성령으로 충만한 증거가 무엇입니까? 그가 있는 곳에 기쁨이 있는지 보면 알 수 있습니다. 교회에서 밤새 기도하고, 말씀 보고 예배드리는 사람을 성령 충만한 사람이라고 오해하지 마십시오. 진짜 성령 충만한 사람은 자신이 있는 곳을 기쁨으로 변화시키는 사람입니다.

성령 충만한 사람이 있는 곳에는 용서와 사랑, 치유와 회복, 눈물과 위로가 있습니다. 그로 말미암은 기쁨이 있습니다. 우리 자신이 속한 공동체에 과연 그러한 기쁨이 있는지 돌아봐야 할 것입니다. 매일의 삶에 성령의 충만함을 받아 가정을 기쁨으로 변화시키고, 소그룹을 변화시키고,

더 나아가 직장과 사회와 나라까지도 변화시킬 수 있는 성령의 사람이 되시길 바랍니다.

거짓이 떠나가다

사마리아 성에는 시몬이라는 마술사가 살고 있었습니다. 그는 마술로 그 성 사람들을 놀라게 했던 사람입니다.

> "그 성에 시몬이라 하는 사람이 전부터 있어 마술을 행하여 사마리아 백성을 놀라게 하며 자칭 큰 자라 하니 낮은 사람부터 높은 사람까지 다 따르며 이르되 이 사람은 크다 일컫는 하나님의 능력이라 하더라 오랫동안 그 마술에 놀랐으므로 그들이 따르더니" (사도행전 8:9-11)

높은 자나 낮은 자가 모두 시몬을 따랐습니다. 성경은 사람들이 '오랫동안' 시몬이 보여주는 마술에 놀랐으므로 그를 따랐다고 말씀합니다. 거짓에 속아 살았다는 말씀입니다. 뭔가 압도적인 기운에 눌리고, 보이는 것에 현혹되어 살아온 것입니다.

그런데 그곳에 어떤 일이 일어난 것입니까?

> "빌립이 하나님 나라와 및 예수 그리스도의 이름에 관하여 전도함을 그들이 믿고 남녀가 다 세례를 받으니" (사도행전 8:12)

빌립이 하나님 나라와 및 예수 그리스도의 이름을 전할 때, 즉 참된 복음을 전하자 거짓의 정체가 드러나고 사람들이 진리가 무엇인지 알게 되었다는 것입니다.

오늘 우리가 살고 있는 세상은 어떻습니까? 빌립의 시대나 지금이나 다를 것이 없습니다. 현대인들은 그때보다 훨씬 더 많이 배우고 똑똑해졌습니다. 과학과 문명은 그때와 비교할 수 없을 정도로 발전했습니다. 그러나 진리가 무엇인지, 어떻게 살아야 하는지 제대로 알고 있는 사람은 별로 없습니다.

여전히 돈과 명예와 권세에 현혹되어 살아갑니다. 무엇이 진리인지 알지 못하고 악한 세상의 문화를 따라 살아갑니다. 여기저기 용하다는 무당들을 찾아다니는 사람들은 더 많아졌고, 학생들은 아이돌 그룹을 신처럼 숭배하며 살아갑니다. 시몬의 마술에 속아 살고 있는 것입니다.

사마리아인들은 시몬의 거대한 힘에서 벗어날 길이 없었습니다. 오랫동안 그 안에서 길들여졌고, 그것이 진리이고 전부라고 믿으며 살아왔습니다. 그러나 그곳에 복음이 전파되었을 때, 그 거대한 힘은 무너졌습니다. 사람들이 진리를 깨닫고 하나님 나라의 백성이 되어 침례를 받았습니다.

다시 말해 예수 그리스도 안에서 자신의 정체성을 바르게 깨달았다는 것입니다. 하나님의 뜻을 따라 살아가는 것이 인생의 목적임을 깨닫고 그대로 살기를 시작했다는 것입니다. 그것이 복음의 힘입니다. 성령의 사람들이 있는 곳에서 일어나는 일입니다.

더 놀라운 것은 시몬도 복음의 능력 앞에 무릎을 꿇었다는 점입니다.

> "시몬도 믿고 세례를 받은 후에 전심으로 빌립을 따라다니며 그 나타나는 표적과 큰 능력을 보고 놀라니라" (사도행전 8:13)

복음은 변화시키지 못할 사람이 없습니다. 결국 시몬도 믿고 침례를 받았습니다. 전심으로 빌립을 따라다니며 빌립을 통해 나타나는 표적과 능력을 보고 놀랐다고 성경은 말씀합니다. 거짓은 절대로 진리를 이길 수 없습니다. 우리가 믿는 예수 그리스도의 복음이 참 진리임을 믿으며 담대하게 살아가시길 바랍니다.

순종의 사람

성령의 사람인 빌립 한 사람으로 인해 사마리아 성에는 놀라운 복음의 능력이 나타났습니다. 큰 기쁨으로 가득 찼습니다. 빌립이 성공적으로 사역을 감당했다는 것을 알 수 있습니다. 그런데 사역을 잘 감당하고 있는 빌립을 향하여 하나님께서 이해하기 어려운 명령을 하셨습니다.

> "주의 사자가 빌립에게 말하여 이르되 일어나서 남쪽으로 향하여 예루살렘에서 가사로 내려가는 길까지 가라 하니 그 길은 광야라" (사도행전 8:26)

사마리아는 지형상 예루살렘 위쪽에 위치했습니다. 가사는 예루살렘의 아래쪽에 위치했습니다. 하나님께서 사마리아에 있는 빌립더러 예루살렘을 거쳐 반대편 남쪽으로 가라고 하신 것입니다. 약 70km나 떨어진 곳입니다.

사역을 잘 감당하고 있는데 굳이 다른 곳으로 가라고 하시는 것이 잘 이해하기 어렵습니다. 더군다나 어떤 뜻이 있으셔서 보내시는지도 알 수 없습니다. 더 이해하기 어려운 것은 목적지가 '광야'라는 점입니다. 광야는 사람이 살지 않는 곳, 인적이 드문 곳인데 그런 곳으로 가라고 하신 것입니다.

여러분이 빌립이라면 어떤 마음이 들었겠습니까?

'하나님, 사마리아에 놀라운 역사가 많이 나타나고, 아직 복음을 알지 못하는 사람들이 많습니다. 여기 해야 할 일이 많으니까 가더라도 좀 더 있다가 가겠습니다.'라는 마음이 들지 않았을까요? 저라면 충분히 그런 마음을 가질 수 있었을 것 같습니다.

그런데 빌립은 하나님의 말씀에 순종해서 광야를 향해 갔습니다. 한 걸음 한 걸음 내딛을 때마다 그는 '하나님 왜 이곳으로 저를 보내신 것입니까? 여긴 아무도 없습니다.' 그런 마음이 들었을 것입니다. 빌립이 하나님의 뜻을 여쭈며 광야를 걷던 순간, 그의 눈에 들어온 장면이 있었습니다.

> "일어나 가서 보니 에디오피아 사람 곧 에디오피아 여왕 간다게의 모든 국고를 맡은 관리인 내시가 예배하러 예루살렘에 왔다가 돌아가는데 수레를 타고 선지자 이사야의 글을 읽더라" (사도행전 8:27-28)

빌립이 눈을 들어 보니 에티오피아 여왕 간다게의 국고를 맡은 내시가 수레를 타고 다시 본국으로 가고 있었습니다. 국고를 맡았다는 것은 오늘날 청와대 경제 수석 정도의 관직에 종사했다는 것을 의미합니다. 그가 하나님을 예배하러 예루살렘에 왔다가 다시 돌아가고 있었던 것입니다. 놀라운 타이밍으로 그를 만난 것입니다.

만일 빌립이 하나님의 말씀에 즉각적으로 순종하지 않았다면 만나지 못했을 것입니다. 성령께서는 빌립에게 수레로 가까이 나아가라고 하셨습니다. 수레를 따라가려면 굉장히 빠른 속도로 달려야 했을 것입니다. 빌립은 지금까지 약 70km를 걸어왔는데, 성령의 음성을 듣자마자 온 힘을 내어 수레를 향해 달렸습니다.

빌립은 하나님의 음성에 철저히 순종했습니다. 순종은 성령의 사람의 특징입니다. 성경 속 성령의 사람들은 모두 하나님의 뜻에 자신을 맞추는 삶을 살았습니다. 어떤 환경과 조건 속에서도 하나님의 말씀에 순종하는 삶을 살았습니다.

빌립은 수레에 올라 간다게의 내시가 읽고 있던 이사야서 말씀으로 시작하여 예수 그리스도의 복음을 전해 주었습니다. 간다게의 내시는 빌립으로부터 복음의 진수를 깨닫고 구원을 받았습니다. 고국으로 돌아가는 길에 물 있는 곳을 만나 그곳에서 침례를 받았습니다.

성경 학자들은 아프리카 복음화가 바로 이 에티오피아 여왕 간다게의 내시의 침례로부터 시작되었다고 이야기합니다. 한 사람의 순종이 한 사람의 영혼을 살렸고, 그것은 더 나아가 한 민족을 주 앞으로 인도하는 위대한 역사를 이루게 한 것입니다.

여러분은 무엇에 의해 움직입니까? 자신의 의지와 생각대로 움직이십니까? 아니면 하나님의 음성을 듣고 주님의 뜻에 따라 순종하십니까? 빌립은 하나님의 세미한 음성을 듣는 귀가 있었고, 말씀이 들려지면 순종하는데 시간이 걸리지 않았습니다.

성령의 사람은 순종의 사람입니다. 자신의 생각과 경험과 방법을 앞세우지 않고 오직 주의 뜻을 앞세웁니다. 철저히 성령에 이끌리는 삶을 살아갑니다. 99%의 순종은 온전한 순종이 아닙니다. 하나님은 100%의 순종을 원하십니다. 매일의 삶에 성령으로 충만하여 온전한 순종을 드릴 수 있기를 바랍니다.

| '순종의 길을 걷는 인생'에 대해 생각해보기

01. 초대 교회가 놓치고 있던 것은 무엇입니까?

02. 빌립이 사마리아에 가서 복음을 전한 것은 어떤 의미를 갖습니까?

03. 사마리아에서 사역한 빌립이 또다시 간 곳은 어디입니까? 그곳에서 누구를 만났습니까?

04. 순종의 길을 걷기 위해 결단해야 할 것이 있다면 함께 나눠보세요.

* 암송 구절 – 사도행전 8:5-8

chapter 06

편견의 장벽을
무너뜨린 인생

"베드로가 입을 열어 말하되 내가 참으로 하나님은 사람의 외모를 보지 아니하시고 각 나라 중 하나님을 경외하며 의를 행하는 사람은 다 받으시는 줄 깨달았도다" (사도행전 10:34-35)

편견의 장벽을 무너뜨린 인생

한 나라를 다스리는 왕이 있었습니다. 그에게는 네 명의 아들이 있었습니다. 어느 날 왕은 네 명의 아들들을 불러서 명령했습니다. '첫째는 겨울, 둘째는 봄, 셋째는 여름, 넷째는 가을에 정원 뒤편의 망고나무를 관찰해 보거라. 절대로 다른 계절에 망고나무를 보아서는 안 된다.'

1년 후, 왕의 아들들이 자신들이 관찰한 결과에 대해 보고했습니다. 첫째는 망고나무가 마치 불에 타고 남은 폐허 같다고 말했습니다. 둘째는 잎이 푸르고 싱그럽다고 말했습니다. 셋째는 꽃이 장미처럼 아름답다고 말했습니다. 넷째는 주렁주렁 열린 열매가 탐스럽다고 말했습니다. 네 명의 형제는 각자 다른 관찰 결과를 내놓으며 서로 자신의 관찰이 옳은 것이라고 주장했습니다.

그 모습을 본 왕이 말했습니다. '너희들의 대답은 모두 옳다. 망고나무는 계절마다 각기 다른 모습을 보인다. 한 가지 모습만 보고 그것이 전부인 것처럼 생각해서는 안 된다.'

이 이야기는 자기 생각과 경험만 옳다는 편견을 버리고 열린 시각으로 다른 사람을 수용할 수 있어야 한다는 교훈을 담고 있습니다.

편견은 한자로 '치우칠 편(偏)'에 '볼 견(見)'입니다. '한쪽으로 치우친 견해'라는 뜻입니다. 편견에 사로잡힌 사람은 지극히 이기적이며, 언제나 자기중심적으로 모든 것을 해석합니다. 자신의 생각과 지식과 경험으로 모든 것을 판단합니다. 편견이 있는 곳에는 결코 수용이 있을 수 없습니다. 화합과 사랑이 있을 수 없습니다.

문제는 자기 스스로 편견에 사로잡혀 있다는 것을 알기가 어렵다는 것입니다. 많은 사람들이 자신이 살아온 환경과 들어온 이야기들로 인해 생긴 편견에서 벗어나지 못한 채 살아갑니다.

그러한 모습은 교회 안에서도 발견할 수 있습니다. 많은 교회들이 편견으로 인해 하나 되지 못하고 나뉘고 갈라집니다. 반드시 해야 할 일임에도 불구하고 편견으로 인해 그 일을 추진하지 못할 때도 있습니다.

베드로의 편견

예수님의 제자요 초대 교회의 지도자인 베드로에게도 편견이 있었습니다. 그것은 바로 이방인을 향한 편견이었습니다. 유대교는 선교적인 종교가 아니었습니다. 유대인들은 선민사상에 젖어 있어서 하나님은 오직 유대인들만의 하나님이라고 믿었습니다. 베드로도 그러한 배경 속에 있던 사람이었기 때문에 예수 그리스도의 복음이 이방인들에게도 전해져야 한다고 생각하지 못했습니다.

그러던 중 베드로는 무두장이 시몬의 집에 유숙하고 있을 때 환상을 보게 됩니다.

> "이튿날 그들이 길을 가다가 그 성에 가까이 갔을 그 때에 베드로가 기도하려고 지붕에 올라가니 그 시각은 제 육 시더라 그가 시장하여 먹고자 하매 사람들이 준비할 때에 황홀한 중에 하늘이 열리며 한 그릇이 내려오는 것을 보니 큰 보자기 같고 네 귀를 매어 땅에 드리웠더라 그 안에는 땅에 있는 각종 네 발 가진 짐승과 기는 것과 공중에 나는 것들이 있더라 또 소리가 있으되 베드로야 일어나 잡아 먹어라 하거늘 베드로가 이르되 주여 그럴 수 없나이다 속되고 깨끗하지 아니한 것을 내가 결코 먹지 아니하였나이다 한대 또 두 번째 소리가 있으되 하나님께서 깨끗하게 하신 것을 네가 속되다 하지 말라 하더라 이런 일이 세 번 있은 후 그 그릇이 곧 하늘로 올려져 가니라" (사도행전 10:9-16)

베드로가 황홀한 중에 본 환상은 한 그릇이 내려오는데 네 귀퉁이가 매어 있는 큰 보자기 같은 그릇이었습니다. 그 안에 각종 네 발 가진 짐승과 기는 짐승, 공중을 나는 짐승들이 가득 차 있었습니다. 베드로가 그것을 보았을 때 하늘로부터 그것을 잡아먹으라는 소리가 들려왔습니다.

그 소리를 들은 베드로는 속되고 깨끗하지 아니한 것은 먹지 않겠다고 대답했습니다. 그러자 하나님께서 깨끗하게 하신 것을 네가 속되다 하지 말라는 소리가 돌아왔습니다. 같은 일이 세 번 있은 후 그릇이 다시 하늘로 올라갔습니다. 베드로는 자신이 본 환상이 무슨 의미인지 바로 깨닫지 못했습니다. 그런데 그때 고넬료가 보낸 신하들이 찾아왔습니다.

"베드로가 본 바 환상이 무슨 뜻인지 속으로 의아해 하더니 마침 고넬료가 보낸 사람들이 시몬의 집을 찾아 문 밖에 서서 불러 묻되 베드로라 하는 시몬이 여기 유숙하느냐 하거늘 베드로가 그 환상에 대하여 생각할 때에 성령께서 그에게 말씀하시되 두 사람이 너를 찾으니 일어나 내려가 의심하지 말고 함께 가라 내가 그들을 보내었느니라 하시니 베드로가 내려가 그 사람들을 보고 이르되 내가 곧 너희가 찾는 사람인데 너희가 무슨 일로 왔느냐 그들이 대답하되 백부장 고넬료는 의인이요 하나님을 경외하는 사람이라 유대 온 족속이 칭찬하더니 그가 거룩한 천사의 지시를 받아 당신을 그 집으로 청하여 말을 들으려 하느니라 한대 베드로가 불러 들여 유숙하게 하니라 이튿날 일어나 그들과 함께 갈새 욥바에서 온 어떤 형제들도 함께 가니라" (사도행전 10:17-23)

베드로는 자신이 본 환상에 대해 깊이 생각하던 중에 성령의 음성을 듣습니다. 그것은 자신을 찾아온 두 사람을 따라가라는 명령이었습니다. 베드로는 자신을 찾아온 고넬료의 신하들을 유숙하게 하고 다음날 그들을 따라나섰습니다.

베드로가 가이사랴에 있는 고넬료의 집에 도착했을 때, 고넬료는 자신의 친척들은 물론 가까운 친구들을 모아 기다리고 있었습니다. 그리고 베드로가 자신의 집으로 들어오자 그를 맞아 발 앞에 엎드려 절했습니다. 그런데 이어지는 장면에 베드로가 한 말을 보면 이방인들을 향해 가지고 있었던 유대인들의 편견이 어떤 것이었는지 알 수 있습니다.

> "이튿날 가이사랴에 들어가니 고넬료가 그의 친척과 가까운 친구들을 모아 기다리더니 마침 베드로가 들어올 때에 고넬료가 맞아 발 앞에 엎드리어 절하니 베드로가 일으켜 이르되 일어서라 나도 사람이라 하고 더불어 말하며 들어가 여러 사람이 모인 것을 보고 이르되 유대인으로서 이방인과 교제하며 가까이 하는 것이 위법인 줄은 너희도 알거니와 하나님께서 내게 지시하사 아무도 속되다 하거나 깨끗하지 않다 하지 말라 하시기로 부름을 사양하지 아니하고 왔노라 묻노니 무슨 일로 나를 불렀느냐" (사도행전 10:24-29)

유대인들에게 있어서 이방인들의 집에 방문하고, 그들과 함께 음식을 나누며 교제하는 것은 율법에 어긋난 행위였습니다. 이방인들은 상대해서는 안 되는 죄인이요, 거룩하지 못한 사람들이라는 편견이 있었던 것입니다. 베드로 역시도 그런 편견에 사로잡혀 있었던 것입니다.

편견을 버려야 한다

성령의 인도하심을 받아 고넬료의 집을 간 후, 자신을 초청한 고넬료의 이야기를 듣게 되었을 때 비로소 베드로는 자신의 편견을 버릴 수 있었습니다.

> "고넬료가 이르되 내가 나흘 전 이맘때까지 내 집에서 제 구 시 기도를 하는데 갑자기 한 사람이 빛난 옷을 입고 내 앞에 서서 말하되 고넬료야 하나님이 네 기도를 들으시고 네 구제를 기억하셨으니 사람을 욥바에 보내어 베드로라 하는 시몬을 청하라 그가 바닷가 무두장이 시몬의 집에 유숙하느니라 하시기로 내가 곧 당신에게 사람을 보내었는데 오셨으니 잘하였나이다 이제 우리는 주께서 당신에게 명하신 모든 것을 듣고자 하여 다 하나님 앞에 있나이다 베드로가 입을 열어 말하되 내가 참으로 하나님은 사람의 외모를 보지 아니하시고 각 나라 중 하나님을 경외하며 의를 행하는 사람은 다 받으시는 줄 깨달았도다" (사도행전 10:30-35)

유대인만 하나님의 백성이 될 수 있다는 편견을 버리고 다른 민족들도 하나님의 백성이 될 수 있다는 사실을 받아들일 수 있게 된 것입니다. 그 후에 편견을 버린 베드로가 한 일이 무엇입니까? 그는 이방인들에게도 만유의 주가 되시는 예수 그리스도의 복음을 전했습니다. 예수 그리스도의 죽으심과 부활하심을 전파했습니다. 그 순간 복음을 듣는 이방인들에게도 성령이 임하셨습니다. 베드로와 함께 온 할례 받은 신자들, 즉 유대인 형제들이 하나님께서 이방인들에게도 약속하신 성령을 보내주시는 것을 보고 깜짝 놀라게 됩니다.

성령을 받은 이방인 신자들은 방언을 말하며 하나님을 높였습니다. 성령께서는 유대인과 이방인 사이의 인종적, 종교적, 문화적 장벽을 허무시며 놀랍게 역사하셨습니다. 그것을 목격한 베드로는 한 걸음 더 나아가 그들에게 침례를 주지 않을 이유가 없다고 하며 침례를 베풀었습니다.

이방인의 시대

교회사에 있어서 사도행전 10장의 사건, 즉 고넬료와 그의 친척과 친구들이 복음을 받아들이고 성령을 받은 일은 매우 중요한 사건 중 하나입니다. 그 중요성은 강조하고 또 강조해도 지나치지 않습니다. 사도행전의 핵심 구절인 1장 8절에는 예수님께서 복음의 전파가 어떻게 진행될 것인지를 가르쳐 주시는 장면이 나옵니다.

> "오직 성령이 너희에게 임하시면 너희가 권능을 받고 예루살렘과 온 유대와 사마리아와 땅끝까지 이르러 내 증인이 되리라 하시니라" (사도행전 1:8)

보편적으로 역사를 나눌 때, BC(Before Christ)와 AD(Anno Domini)로 나눕니다. 역사를 예수 그리스도의 오심을 중심으로 그 이전과 이후로 나눈 것입니다.

그런가 하면 역사를 5단계로 나누기도 합니다. 바로 무죄의 시대(아담과 하와가 죄를 짓기 이전의 시대), 양심의 시대(아담과 하와의 범죄 후 율법이 임하기 전까지의 시대), 율법의 시대(율법이 임하여 모든 것을 율법으로 판가름하는 시대), 교회의 시대(그리스도가 오심으로 율법의 시대가 종결되고 은혜가 다스리는 시대), 천국의 시대(예수 그리스도의 재림과 동시에 시작되는 영원한 시대)가 그것입니다.

성경의 역사를 연대순으로 배열하여 시대를 나누기도 합니다. 아브라함 이전의 일반 역사의 시대가 있고, 아브라함으로부터 시작된 이스라엘 민족의 시대가 있습니다. 이스라엘 족장들의 시대라고도 할 수 있습니다. 그 후 사사들이 활동하는 사사 시대를 지나 왕이 이스라엘을 다스리는 왕정 시대가 열립니다.

왕정 시대는 사울과 다윗, 솔로몬까지 이어지고, 그 이후에는 남 유다와 북 이스라엘로 나뉘는 분열 왕국 시대가 됩니다. 그런데 BC 722년에 앗시리아 제국에 의해 북 이스라엘이 멸망하고, BC 586년에는 바벨론의 침공을 받아 남 유다까지 멸망하면서 이스라엘 백성들이 각 제국의 포로로 끌려가게 됩니다. 이때를 소위 포로 시대라고 부릅니다.

그 후 이스라엘은 로마의 식민 통치를 받게 되는데, AD 70년 로마의 티투스 장군의 침공으로 예루살렘 성전이 무너지고, 유대인들은 전 세계로 흩어지게 됩니다. 그렇게 흩어진 유대인들을 디아스포라 유대인이라고 부릅니다. 그들을 통해 복음이 세계 각국의 이방인들에게 들어가게 됩니다. 그 시대를 이방인의 시대라고 합니다.

역사는 우발적인 사건들의 집합인 것처럼 보이지만, 하나님의 커다란 구원 계획에 따라 한 치의 오차도 없이 진행되는 것입니다. 예루살렘 성전이 파괴되었을 때, 유대인들은 그것을 받아들이기가 어려웠을 것입니다. 하나님의 집인 성전이 파괴된다는 것은 있을 수 없는 일이었기 때문입니다. 그러나 예수님은 전에 이미 그것을 예언하셨습니다.

"그들이 칼날에 죽임을 당하며 모든 이방에 사로잡혀 가겠고 예루살렘은 이방인의 때가 차기까지 이방인들에게 밟히리라" (누가복음 21:24)

편견을 극복하기 위하여

복음이 이방인들에게 전파되는 이방인의 시대가 구체적으로 시작되는 부분이 바로 사도행전 10장이라고 할 수 있습니다. 바로 고넬료가 유대인 베드로를 자기 집으로 청하여 복음을 듣게 되는 장면은 기독교 복음의 역사 가운데 가장 중요한 장면이라 할 수 있습니다.

당시 유대인들은 이방인들과 함께 앉지 않았습니다. 식사를 함께 하는 것은 있을 수 없는 일이었습니다. 유대인들은 이방인들을 개처럼 여겼습니다. 그런데 베드로는 환상 가운데 말씀하시는 성령의 지시를 듣고 그러한 편견에서 벗어날 수 있었습니다.

베드로는 성령의 지시라면 그것이 유대의 전통이 어떠하든지, 조상들이 어떻게 했든지 상관하지 않고 그대로 따랐습니다. 그 결과 지나간 수천

년의 세월 동안, 유대인들과 이방인들 사이에서 철옹성처럼 버티고 있던 편견을 무너뜨릴 수 있었습니다.

오늘 이 시대를 살아가는 우리에게도 편견은 복음을 전하고, 하나님 나라를 이루는데 큰 장애가 됩니다. 그런데 우리도 알게 모르게 어떤 편견에 사로잡힌 채 살아갈 때가 적지 않습니다. 사람을 바라보는 관점, 제물을 바라보는 관점, 국가를 바라보고 정치를 바라보는 관점 등 여러 분야에 있어서 우리의 시각에 비뚤어짐이 있지는 않은지 점검해볼 필요가 있습니다.

성령의 음성에 민감하게 반응할 때 우리 안에 있는 편견을 발견할 수 있습니다. 더 나아가 성령의 명령에 철저히 순종할 때 편견을 극복할 수 있습니다. 얄팍한 지식이나 경험, 사람들의 소리, 세상이 정해 놓은 기준에 얽매인다면 결코 편견을 벗어버릴 수 없습니다.

편견을 벗어버리고, 하나님의 역사를 이루는 삶을 살기 위해선 하나님의 음성에 귀 기울여야 합니다. 하나님의 관점으로 볼 수 있어야 합니다. 나의 생각과 판단과 다르더라도 하나님의 음성에 순종할 수 있을 때 편견을 넘어서 하나님의 역사를 이루는 삶을 살 수 있습니다.

1974년 필리핀 루방섬 정글에서 일본군 중위 오노다 히로씨가 발견되었습니다. 1945년 일본이 패망한지도 모른 채, 29년 동안 정글 속에서 은신한 채 살아온 것입니다. 그가 세상에 모습을 드러냈을 때, 한 기자는 무지와 편견이 빚어낸 비극이라는 제목의 글을 썼습니다.

그런데 오늘 이 시대를 살아가는 우리에게도 얼마든지 그러한 비극이 일어날 수 있습니다. 편견을 버리지 못한다면 모습과 내용은 다르더라도 그와 비슷한 비극을 경험하게 될 것입니다.

성령의 음성에 귀를 기울이십시오. 그분을 신뢰하며 편견을 내려놓으십시오. 그럴 때 우리 삶에 놀랍게 역사하시는 하나님을 보게 될 것입니다. 내 계산과 생각, 판단과 경험과 지식을 포기하면 하나님의 역사와 기적을 경험할 수 있습니다.

끝까지 겸손하라

베드로가 고넬료의 청을 받고 그의 집에 갔을 때, 고넬료는 감격과 감사로 베드로 앞에 엎드려서 절을 했습니다. 만일 누군가가 여러분을 애타게 기다리며 만나게 되었을 때, 여러분 앞에 절을 한다면 어떤 기분이 들 것 같습니까?

대부분의 사람들은 그런 상황 앞에서 자신을 알아봐주는 것이 무척 기분 좋을 것입니다. 아주 흡족하게 여기며 그 환대를 은근히 즐길 것입니다. 그런데 베드로는 그러질 않았습니다.

> "마침 베드로가 들어올 때에 고넬료가 맞아 발 앞에 엎드리어 절하니 베드로가 일으켜 이르되 일어서라 나도 사람이라 하고" (사도행전 10:26-27)

베드로는 뻣뻣하게 고개를 들지 않았습니다. 겸손히 허리를 숙이며 고넬료를 일으켜 세웠습니다. 자신도 동일한 사람이라고 말했습니다. 자신도 사람이라는 고백은 경배를 받으시고 높임을 받으셔야 하는 분은 오직 예수님 한 분이심을 강조하는 말입니다. 베드로는 하나님의 영광을 가로채지 않았습니다.

오늘날 교회에서 자신을 알아주지 않는다고 수군거리는 사람들이 얼마나 많은지 모릅니다. '내가 목사인데…', '내가 장로인데…', '내가 권사인데…' 잘 알아주지 않는다고 서운해 합니다. 늘 상석에 앉으려고 하고, 자기 자리를 찾으며 대접을 받으려고 하는 사람은 하나님의 나라에서 먼 사람입니다.

성령의 사람은 어떤 상황에서도 겸손을 잃어버려선 안 됩니다. 자기를 높이는 일에 관심을 두지 말고 예수님을 높이는 일에 관심을 둬야 합니다. 사람들이 자신을 알아주는 것에 관심을 갖지 말고, 예수님을 아는 일에 더 큰 관심을 가지고 있어야 합니다.

우리 중에 누구도 자격이 있어서 목사가 되고, 장로가 되고, 권사가 되고, 직분자가 된 것이 아닙니다. 먼지 같고 부스러기 같은 존재를 그리스도의 존귀한 보혈로 덮으시고, 은혜로 그분의 일을 감당할 수 있도록 부르셨다는 것을 결코 잊어선 안 됩니다. 늘 그 은혜에 대한 자각이 살아 있어야 합니다.

그 은혜를 아는 사람은 겸손의 자리로 내려갑니다. 섬김의 자리로 내려갑니다. 그곳에 예수님이 계시다는 것을 알고, 예수님이 하시는 일을 자신도 하며 살아갑니다. 자신의 이름을 내는 일이 아니라 하나님이 영광을 받으시고, 사람들이 존귀케 되는 그 일에 자신의 삶을 드립니다.

인류가 죄의 권세 아래 놓이게 된 이유가 무엇입니까? 아담과 하와가 하나님처럼 되려고 선악과를 따먹었기 때문입니다. 하나님보다 높아지고픈 것이 인간의 죄 된 본성입니다. 그렇기 때문에 언제나 인간은 다른 사람보다 높은 자리를 찾고, 더 괜찮아 보이려고 애쓰는 삶을 살아갑니다.

그러나 베드로의 모습을 보십시오. 그는 초대 교회의 위대한 사도였습니다. 영웅과도 같은 존재, 전설과도 같은 사람이었습니다. 얼마든지 사람들에게 존경을 받을 자격이 있었습니다. 그런데 베드로는 철저히 허리를 숙입니다. 자신은 아무 것도 아니라고 이야기 합니다. 당신처럼 하나님의 은혜가 필요한 사람이라고 고백합니다.

교만을 멀리하라

조금 큰 교회를 목회하는 분들일수록 더 교만을 조심해야 합니다. 목회의 크기가 영성의 크기도 아닌데, 마치 대단한 영성을 가진 것처럼 자신을 과대포장하곤 합니다. 교만에 **빠진** 목회자는 성도 알기를 우습게 알고, 작은 교회 목회자들을 무시하는 경향을 가지고 있습니다. 모두가 자신을 알아야 한다고 생각하고, 잘 대접해야 한다고 여깁니다.

목회의 크기가 상급의 크기를 결정짓는 것도 아닌데, 목회의 크기로 자신을 과시한다면 그것은 맡기신 분을 무시하는 처사일 것입니다. 목회의 크기와 상관없이 감사하며 최선을 다해야 하고, 맡겨주신 직분의 높고 낮음과 상관없이 주어진 일에 충성하는 자가 되어야 합니다.

간혹 교회에서 사역하는 목회자나 성도들을 볼 때, 사역을 조금만 잘 한다는 평가를 들으면 그때부터 목이 뻣뻣해지는 사람들을 종종 볼 수 있습니다. 하나님께서 은혜를 주시고 도와주신 것을 잊은 채 자신을 과시하며, 사람들에게서 칭찬은 얻었지만 겸손은 잃어버린 채 살아갑니다. 그것보다 더 비극적인 일은 없습니다.

> "교만은 패망의 선봉이요 거만한 마음은 넘어짐의 앞잡이니라" (잠언 11:2)

> "주께서 곤고한 백성은 구원하시고 교만한 눈은 낮추시리이다" (시편 18:27)

> "눈이 높은 것과 마음이 교만한 것과 악인이 형통한 것은 다 죄니라" (잠언 21:4)

> "주 만군의 여호와의 말씀이니라 교만한 자여 보라 내가 너를 대적하나니 너의 날 곧 내가 너를 벌할 때가 이르렀음이라" (예레미야 50:31)

하나님께서는 교만한 자를 대적하신다고 말씀하십니다. 사람들의 칭찬이 들려오고, 존경의 메시지가 전해져 올 때, 하나님 앞에서 자신의 영혼을 살피십시오. 겸손 또 겸손으로 마음을 채우고 아주 작은 교만도 틈타지 못하도록 기도하십시오.

베드로가 하나님 앞에 교만했다면 그는 고넬료의 집으로 따라가라는 주님의 음성에 순종하지 못했을 것입니다. 십자가에 달려 죽는 것이 하나님의 뜻이라고 말씀하시던 예수님을 가로막았던 것처럼, 하나님의 말씀에 순종하지 않았을 것입니다.

베드로가 겸손을 잃어버렸다면, 고넬료의 말에 귀를 기울이지도 않았을 것입니다. 겸손을 잃어버렸다면 전심을 다해 복음을 전하지도 않았을 것입니다. 성령은 자신을 낮추고 예수 그리스도를 높이는 베드로와 함께 하셨습니다. 그를 통해 영광스런 복음이 최초로 이방인들에게 전파되게 하셨습니다. 더 나아가 성령께서 고넬료 가정에 모인 자들에게 충만히 임하셨고, 그들은 모두 침례를 받게 되었습니다.

복음이 본격적으로 이방인들에게 전해지기 시작하는 그 초입에 편견을 버리게 된 베드로의 모습이 있다는 사실을 기억하십시오. 하나님의 나라에는 결코 편견이 있을 수 없습니다. 지역적인 편견이 있는 것은 아닌지 돌아보십시오. 계층적인 편견이나 정서적인 편견에 사로잡혀 있는 것은 아닌지 점검해 보십시오.

내 기준과 경험과 사상이 하나님의 역사를 제한하는 편견이 될 수 있다는 것을 기억하십시오. 그러한 편견을 가진 개인과 공동체는 복음의 역사를 멈추게 만듭니다. 성령께서 역사해 주셔서 우리 안에 있는 편견을 발견하고, 그것을 버릴 수 있게 되길 바랍니다. 주님의 세밀한 음성에 귀를 밝히 열고 편견을 버릴 수 있다면 놀라운 하나님의 역사를 보게 될 것입니다.

더 나아가 하나님과 사람 앞에서 끝까지 겸손하길 바랍니다. 우리는 연약하여 너무 쉽게 교만의 늪에 빠지기 쉽습니다. 늘 창조주 하나님을 기억하며, 우리는 그분의 은혜 없이는 살 수 없는 피조물이라는 것을 기억해야 합니다. 하나님의 도우심이 없이는 한순간도 살아갈 수 없는 존재라고 끊임없이 고백해야 합니다.

날마다 성령의 세밀한 음성을 들으며 편견이 아닌 사랑과 긍휼에 사로잡힌 성도가 되시길 바랍니다. 언제나 남을 더 낮게 여기며 끝까지 겸손하게 섬기는 성령의 사람이 되시길 바랍니다.

'편견의 장벽을 무너뜨린 인생'에 대해 생각해보기

01. 편견으로 인한 어려움을 경험한 적이 있습니까? 있다면 함께 나눠주세요.

02. 베드로를 포함한 유대인이 이방인에 대해 갖고 있던 편견은 무엇입니까?

03. 편견이 사라진 곳에 임한 역사는 무엇인가요?

04. 자신도 모르게 사로잡혀 있는 편견이 있는지 생각해 보세요. 어떻게 하면 그것을 깰 수 있을까요?

* 암송 구절 – 사도행전 10:34-35

3부

성령,
공동체에 살다

chapter 07

성령으로
탄생한 공동체

"오순절 날이 이미 이르매 그들이 다같이 한 곳에 모였더니 홀연히 하늘로부터 급하고 강한 바람 같은 소리가 있어 그들이 앉은 온 집에 가득하며 마치 불의 혀처럼 갈라지는 것들이 그들에게 보여 각 사람 위에 하나씩 임하여 있더니 그들이 다 성령의 충만함을 받고 성령이 말하게 하심을 따라 다른 언어들로 말하기를 시작하니라" (사도행전 2장 1-4절)

성령으로 탄생한 공동체

주님의 몸 된 교회의 가장 아름다운 모습은 하나님께서 처음 계획하신 대로 교회가 세워지고, 그분이 의도하신 대로 살아 움직이는 유기적 생명체로 존재하는 것입니다.

교회를 뜻하는 헬라어 단어 '에클레시아'는 눈에 보이는 예배당을 뜻하는 단어가 아닙니다. 예수 그리스도를 구주와 주님으로 영접하여 구원받은 사람들의 모임을 의미하는 단어입니다. 예수 그리스도의 십자가의 공로, 보혈의 능력으로 구원받은 공동체가 바로 교회입니다.

성경적인 교회는 예수님의 주인 되심이 분명하게 드러나고, 성령님께서 역사하시는 증거로 가득합니다. 그들은 예수 그리스도의 재림을 기다리며 믿음으로 삶을 살아내고, 하나님께서는 성도들을 끝까지 보호하시고 인도하십니다.

또한 성경적 교회는 모든 것이 예수 그리스도께 맞춰져 있습니다. 예수님 중심으로 돌아가고 성경을 유일한 기준으로 삼습니다. 말씀에 대한 열의가 있으며, 배우는 것에서 머물지 않고 삶으로 보여주기 위한 몸부림이 있습니다. 성도들의 삶에서 말씀의 가치를 읽어낼 수 있습니다. 하나님의 말씀이 성도들의 삶으로 보인다는 것입니다.

교회, 영적인 기업

오늘날 교회에는 교회 리더십을 목회자가 아닌, 경영자로 보는 경향도 있습니다. 대형 교회일수록 그렇게 보는 경향이 높게 나타납니다. 교회를 기업처럼 생각하고 목회자를 전문 경영인이라고 보는 것입니다.

전부를 동의할 수는 없지만 부분적으로는 동의할 수 있습니다. 교회는 영혼을 구원하는 기업이요, 불신자를 새 신자로 만들고 더 나아가 헌신자가 되도록 교육하는 기업이라고 볼 수 있기 때문입니다.

목회자들이 그런 거룩한 영적 사업을 감당한다는 점에서 전문 경영인이라는 표현도 그릇된 것은 아니라고 봅니다. 교회는 거룩한 기업이 되어 끊임없이 영혼 구원의 수익을 창출해 내고, 영적 성숙의 가치를 이루어 내야 합니다.

교회를 거룩한 기업으로 비유할 수 있다면 그에 맞는 점검과 평가의 기준이 필요합니다. 영적인 점검과 평가가 이루어져야 한다는 것입니다. 세상의 기준이 아니라 교회만의 점검 기준, 평가 기준이 필요합니다.

가령 결산의 기준은 '얼마의 예산을 가지고 어떻게 사용했는가?'가 아니라, '얼마나 많은 사람들이 예수님을 구주와 주님으로 영접했고, 성도들의 삶에 예수님을 닮은 모습이 얼마나 나타났는가?'가 되어야 한다는 것입니다.

물론 예산의 규모와 크기가 중요하지 않은 것은 아닙니다. 그러나 보다 더 중요한 것은 '얼마나 많은 영혼을 구원했는가, 얼마나 더 영적인 성숙을 이루었는가?'입니다.

그렇듯 '영적으로 얼마나 흥왕하고 왕성한 사역을 감당하였느냐?'가 결산의 기준이 되지 않고, 건물을 사고 땅을 매입하고 교회 차량을 최고급으로 바꾼 것으로 평가한다면 그 교회는 이미 건강을 잃어가고 있는 것입니다. '한 영혼'을 얼마나 많이 구원하고 영적으로 얼마나 흥왕하고 왕성한 사역을 하였느냐가 중요합니다.

건강한 교회가 되기 위해

교회의 건강성은 교세나 건물의 크기로 판단할 수 없습니다. 프로그램이나 첨단 영상 및 음향 장비, 문화적 행사나 이벤트 등도 교회의 건강성을 판단하는 기준이 될 수 없습니다. 화려한 건물을 가지고 있고, 최고급 장식을 하고 있다고 해서 꼭 좋은 교회라고 할 수는 없다는 것입니다.

그럼에도 불구하고 오늘날 많은 교회들이 교회의 외형적 요소에 막대한 자원을 쏟아 붓습니다. 교회의 건강성에 대한 관심보다는 교인 수의 증가, 예산의 확대, 복지와 문화 및 이벤트에 초점을 두고 있는 것처럼 보이는 것이 사실입니다.

많은 교회들이 다른 교회들의 사역을 흉내 내고, 따라 하려고 합니다. 목회자들은 여기저기 좋다고 소문난 세미나들이 있으면 쫓아다니기 바쁩니다. 건강한 교회를 만들기 위한 열심에서 비롯한 것이지만, 오히려 목회자 자신과 교회의 건강이 더 나빠지는 결과를 얻기도 합니다.

다른 교회와 비교하거나, 다른 목회자들의 경험을 배움으로써 목회에 도움을 얻을 수는 있지만 그것이 건강한 교회를 만들기 위한 바로미터가 될 수는 없습니다. 하나님은 교회가 건강하게 성장하기 위해서 무엇이 필요한지 이미 성경 속에 그 답을 담아 놓으셨습니다. 성경 속 교회의 모습을 보고 배우고 따라하는 것이 교회를 하나님의 뜻대로 건강하게 세울 수 있는 유일한 방법입니다.

교회의 본질과 사명에 집중하라

교회를 세워감에 있어서 중요한 것은 정확한 설계도에 따라 세워져가고 있는지 점검하는 일입니다. 만약 교회 본질과 사명, 교회 기능과 역할을 온전히 수행하지 못하고 성경과 너무 동떨어진 상태가 계속되고 있거나 이미 되어버렸다면, 다시 하나님께서 계획하신 교회의 모습을 갖도록 개혁해야 합니다.

개혁은 '고칠 개(改)'에 '가죽 혁(革)'자를 씁니다. 가죽을 바꾼다는 의미입니다. 가죽을 바꾸려면 당연히 피를 흘릴 수밖에 없습니다. 희생과 아픔을 감수할 수밖에 없다는 것입니다. 표현을 달리 한다면, '리셋(reset)'이라는 용어로 바꿀 수 있습니다. 교회를 초기화 하는 것을 의미합니다.

컴퓨터에 문제가 생겨 제 기능을 하지 못하면 초기화하듯이, 교회도 처음부터 새롭게 다시 시작해야 한다는 것입니다. 고쳐야 합니다. 가죽을 벗겨내는 고통이 있어도 치료를 시작해야 합니다. 무엇이 성경이 말하는 교회인가 연구하고, 어떻게 그 모습으로 돌아갈 수 있을까 고민하며 본질적 교회의 모습을 되찾기 위해 노력해야 합니다.

교회 내의 성경적인 요소가 아닌 것들을 제하여 버리고, 성경적인 교회의 모습 그대로 다시 돌아가야 합니다. 아픔이 있어도 하나님께서 계획하시고 설계하신 교회의 모습으로 돌아가야 합니다. 그렇지 않으면 미래가 없습니다.

종교 개혁이 무엇입니까? 오직 성경, 오직 예수, 오직 은혜, 오직 믿음, 오직 하나님의 영광으로 돌아가겠다는 것입니다. 즉, 성경적인 교회의 모습으로 되돌리겠다는 의지의 고백입니다. 그것밖에는 소망이 없기 때문입니다.

부름 받은 자들의 모임

부름 받은 자들의 모임이 교회입니다. 하나님께서 선택하여 불러낸 사람들, 세상에서 불려나와 하나님의 백성으로 살게 된 사람들이 모인 공동체가 교회입니다. 신약에는 교회라는 말이 4복음서에 딱 두 번 나옵니다. 교회라는 단어가 가장 먼저 등장하는 곳이 마태복음입니다.

> "또 내가 네게 이르노니 너는 베드로라 내가 이 반석 위에 내 교회를 세우리니 음부의 권세가 이기지 못하리라" (마태복음 16:18)

예수님께서 베드로에게 하신 말씀입니다. 예수님이 어느 날 제자들과 함께 팔레스타인에서 가장 북쪽에 해당하는 레바논 접경 지역, 가이사랴 빌립보라고 하는 곳에 가셨습니다.

그때 예수님께서 제자들에게 사람들이 나를 누구라고 하더냐고 물어보셨습니다. 제자들이 대답했습니다.
'더러는 침례 요한, 더러는 엘리야, 어떤 이는 예레미야나 선지자 중의 하나라고 합니다.'

예수님은 제자들에게 다시 물으셨습니다.
'그러면 너희는 나를 누구라고 생각하느냐?'

그때 시몬 베드로가 대답합니다.
'주는 그리스도시오, 살아계신 하나님의 아들이십니다.'

예수님께서 그 고백을 들으시고 그 믿음의 반석 위에 교회를 세우겠다고 말씀을 하신 것입니다. 그러므로 교회는 예수님이 그리스도시요 살아계신 하나님의 아들이라고 고백한 사람들의 모임을 의미하는 것입니다.

예수 그리스도를 구주와 주님으로 고백한 사람들이 모여 이뤄진 공동체, 그것이 바로 교회입니다.

> "예수께서 대답하여 가라사대 바요나 시몬아 네가 복이 있도다 이를 알게 한 이는 혈육이 아니요 하늘에 계신 내 아버지시니라" (마태복음 18:17)

예수님께서 베드로에게 말씀하셨습니다.
'시몬아 네가 잘나서, 네가 똑똑해서, 너희 부모가 잘 가르쳐서 알게 된 것이 아니다. 그것을 네게 알려주신 분은 바로 하나님이시다.'

예수님을 구주요 주님이라고 시인할 수 있게 된 것은 자신의 능력과 상관없이 하나님께서 일방적인 은혜로 부어주신 선물이라는 것입니다. 하나님의 은혜가 없이는 어느 누구도 구원을 받을 수 없습니다. 성령께서 역사하시지 않으면 구원의 역사는 결코 일어나지 않습니다. 구원은 하나님의 뜻 안에서 성령의 능력으로 말미암는 것입니다.

성령으로 아니하고는

> "형제들아 신령한 것에 대하여 나는 너희가 알지 못하기를 원하지 아니하노니 너희도 알거니와 너희가 이방인으로 있을 때에 말 못하는 우상에게로 끄는 그대로 끌려 갔느니라 그러므로 내가 너희에게 알리노니 하나님의 영으로 말하는 자는 누구든지 예수를 저주할 자라 하지 아니하고 또 성령으로 아니하고는 누구든지 예수를 주시라 할 수 없느니라"
> (고린도전서 12:1-3)

세상의 신들에게 끌려 다니며 예수님을 부인하던 우리가 돌이켜 예수님이 구주요 주님이시라고 고백할 수 있게 된 것은 성령이 아니고서는 불가능했다는 말씀입니다.

신앙의 연조가 굉장히 중요합니다. 몇 대째를 이어서 예수님을 믿는 가문이 되는 것은 귀한 일입니다. 그러나 3대째 예수님을 믿는다고 하여 4대째도 예수님을 믿으리라는 보장은 없습니다. 성령의 능력이 없이는 불가능합니다.

예수님이 주라고 시인하는 신앙 고백은 혈육의 도움으로 되는 것이 아닙니다. 부모가 독실한 그리스도인이라고 해서 자녀도 하나님의 자녀가 되는 것은 아니라는 것입니다. 구원은 성령의 능력으로만 가능합니다.

예루살렘 교회는 신약 최초의 교회입니다. 사도행전 5장에 처음으로 등장하지만 사실 사도행전 1장 이전부터 존재했습니다. 베드로가 이미 예수님을 구주와 주님으로 고백했고, 주님은 그 고백 위에 내 교회를 세운다고 말씀하셨기 때문입니다.

사도행전 1장과 2장에는 예루살렘 교회가 성령을 받는 이야기가 기록되어 있습니다. 그리고 그 예루살렘 교회의 이야기가 12장까지 계속됩니다.

성령을 기다리라

사도행전 1장에 보면 예수님께서 부활하신 후 이 땅에서 보내신 기간이 40일이라는 것을 알 수 있습니다. 예수님께서 승천하시기 직전에 제자들에게 하신 말씀이 무엇입니까?

> "사도와 함께 모이사 그들에게 분부하여 이르시되 예루살렘을 떠나지 말고 내게서 들은 바 아버지께서 약속하신 것을 기다리라 요한은 물로 침례를 베풀었으나 너희는 몇 날이 못 되어 성령으로 침례를 받으리라 하셨느니라 그들이 모였을 때에 예수께 여쭈어 이르되 주께서 이스라엘 나라를 회복하심이 이 때니이까 하니 이르시되 때와 시기는 아버지

> 께서 자기의 권한에 두셨으니 너희가 알 바 아니요 오직 성령이 너희에게 임하시면 너희가 권능을 받고 예루살렘과 온 유대와 사마리아와 땅 끝까지 이르러 내 증인이 되리라 하시니라" (사도행전 1:4-8)

예수님은 제자들에게 예루살렘을 떠나지 말고 '내게 들은 바' 아버지의 약속하신 것을 기다리라고 하셨습니다. 주님이 전에 이야기하신 적이 있다는 것입니다. 언제 말씀하셨습니까? 누가복음 24장에 나옵니다.

> "또 이르시되 이같이 그리스도가 고난을 받고 제 삼일에 죽은 자 가운데서 살아날 것과 또 그의 이름으로 죄 사함을 받게 하는 회개가 예루살렘에서 시작하여 모든 족속에게 전파될 것이 기록되었으니 너희는 이 모든 일의 증인이라 볼지어다 내가 내 아버지께서 약속하신 것을 너희에게 보내리니 너희는 위로부터 능력으로 입혀질 때까지 이 성에 머물라 하시니라" (누가복음 24:46-49)

예수님께서 부활하시고 곧바로 하신 말씀입니다. 그리고 40일이 지나 승천하시기 전에 다시 한 번 더 제자들에게 당부하신 것입니다. 아버지의 약속하신 성령을 기다리라고 말입니다. 그런데 예수님의 당부에 제자들이 엉뚱한 질문을 합니다.

> "그들이 모였을 때에 예수께 여쭈어 이르되 주께서 이스라엘 나라를 회복하심이 이 때니이까 하니" (사도행전 1:6)

앞뒤가 맞지 않는 질문입니다. 예수님께서 머물라고 하셨으면 어떻게 머물러야 하는지, 무엇을 하며 기다려야 하는지 묻는 것이 정상입니다. 그런데 이스라엘이 회복 될 때가 바로 지금이냐고 묻는 것입니다.

제자들이 생각할 때 예수님은 놀라운 기적을 많이 보여주셨고, 죽었다가도 살아나셨으니 이제 왕이 되셔서 이스라엘을 로마의 식민 통치로부터 구해주실 때가 되었다고 본 것입니다.

그 질문을 받으신 예수님은 그것은 하나님의 뜻에 달린 것이므로 거기에 신경 쓰지 말고 성령을 기다리라고 하셨습니다.

교회의 관심이 바로 여기에 있어야 합니다. 오직 성령께 초점을 맞추고 그분으로 충만케 되기를 간구해야 합니다. 세상이 어떻게 되느냐는 이차적인 내용입니다. 아예 관심을 버리라는 것이 아닙니다. 모든 역사는 하나님의 뜻대로 흘러갈 것이니 우리는 오직 성령의 충만함을 입어 그분이 원하시는 일을 감당하며 살아야 한다는 것입니다.

제자들의 관심은 이스라엘의 정치적 독립에 있었습니다. 예수님이 정치적인 지도자로 세워지길 기대하는 것 같습니다. 예수님을 만왕의 왕이요 만유의 주가 되어 온 세상을 구원하실 구원자로 생각하기보다, 이스라엘에 정치적 자유와 평화를 주실 왕으로 생각한 것입니다.

그러나 예수님의 관심은 거기에 있지 않았습니다. 예수님의 관심은 오직 하나, 제자들이 증인의 삶을 사는데 있었다는 것을 기억해야 합니다. 그래서 주님은 증인으로 살 수 있는 능력을 주실 성령을 기다리라고 하신 것입니다.

성령으로 일하라

> "오직 성령이 너희에게 임하시면 너희가 권능을 받고 예루살렘과 온 유대와 사마리아와 땅끝까지 이르러 내 증인이 되리라 하시니라" (사도행전 1:8)

오직 성령이 임하셔야 우리가 권능을 받습니다. 그래서 주님은 성령을 받기 전에는 나가지 말라고 하셨습니다. 다시 말하면 성령 없이 교회일 하지 말라는 것입니다. 오늘날 교회 안에서 성령 없이 일할 때가 얼마나 많은지 모릅니다. 성령 없이 가르치고, 성령 없이 구제하고, 성령 없이 선교합니다. 왠지 모르게 바쁘게 돌아다닙니다.

일을 많이 하고, 헌금을 많이 내고, 예배당을 많이 세우는 게 우선이 아닙니다. 가장 중요한 것, 가장 시급한 것은 바로 성령을 충만하게 받는 일입니다. 가끔 교회 안에서 자신이 한 일을 알아주지 않아 속상해 하는 사람들을 보게 됩니다. 성령 없이 일해서 그런 것입니다. 자신의 힘으로 일한 것입니다. 그런 사람은 반드시 사람들이 그것을 알아주길 기대합니다. 들어간 시간과 에너지와 물질만큼 칭찬을 듣고 싶어 합니다.

반면에 성령의 능력으로 일한 사람은 사람들이 칭찬해도 모든 공을 성령님께 돌립니다. '제가 한 것이 아닙니다. 성령께서 다 하신 일입니다.

하나님의 은혜입니다. 부족한 제가 쓰임 받을 수 있어서 감사합니다.'

오늘날 한국 교회의 모습을 살펴보면, 성령의 능력이 아닌 목회자 개인의 능력이나 세상의 방법을 동원하여 부흥을 이루고자 하는 모습이 보이곤 합니다. 그러나 성령 충만 이외에는 결코 증인의 삶을 살 수 있는 방법이 없습니다.

베드로는 예수님을 향해 '주는 그리스도시요 살아계신 하나님의 아들이십니다'라는 위대한 신앙 고백을 했습니다. 그런데 얼마 지나지 않아 그는 예수님을 부인했습니다. 그 모습이 얼마든지 우리의 모습일 수 있습니다. 예수님을 잘 믿는 것 같지만 결정적인 순간에 베드로처럼 주님을 부인할 수 있는 것이 우리입니다.

그런데 놀랍게도 사도행전 2장에 보면, 오순절 성령 강림 이후 제자들은 완전히 다른 사람들이 되었습니다. 성령이 말하게 하심을 따라 말하기 시작했습니다. 죽음의 위협 앞에서도 굴하지 않고 복음을 전했습니다. 감옥에 넣으면 감옥에 가고, 죽이면 그냥 죽임을 당했습니다.

그것이 바로 성령의 능력입니다. 성령의 능력 없이 자신의 의지로 신앙생활을 하는 것만큼 힘든 일도 없을 것입니다. 성령의 도우심 없이 새벽예배 나오고, 말씀을 보고, 기도하는 것 정말 힘듭니다. 그러나 성령으로 충만하면 힘들지 않습니다. 오히려 기쁘고 즐겁게 하게 됩니다.

성령이 역사하시는 교회

건강한 교회의 비결은 다른 데 있지 않습니다. 오직 성령으로 충만함을 받는 것이 건강한 교회로 세워질 수 있는 유일하고도 참된 방법입니다. 프로그램이 아닙니다. 최첨단 시설이 아닙니다. 최고급 인테리어도 아닙니다. 예산의 크기도 아닙니다.

성령이 역사하면, 사람의 눈에는 작은 교회로 보여도 작은 교회가 아닙니다. 사람의 눈에 아무리 큰 교회로 보여도 성령이 역사하지 않으면 결코 큰 교회라고 할 수 없습니다.

성령이 역사하시는 교회가 되어야 합니다. 성령이 역사하시는 교회는 성령의 말하게 하심을 따라 말합니다. 예수 그리스도를 신실하게 증거하는 교회가 된다는 것입니다.

또한 성령이 역사하시는 교회는 비전이 있습니다.

> "그 후에 내가 내 영을 만민에게 부어 주리니 너희 자녀들이 장래 일을 말할 것이며 너희 늙은이는 꿈을 꾸며 너희 젊은이는 이상을 볼 것이며"
> (요엘 2:28)

성령으로 충만할 때 하나님의 말씀을 바르게 깨닫게 되는 역사가 일어납니다. 말씀이 인도하는 삶을 살게 됩니다. 세상의 가치관과 싸워 이깁니다. 오늘의 삶에 얽매여 땅을 바라보며 한숨짓는 인생이 아니라, 미래를 바라보며 희망을 노래하는 삶을 살게 됩니다.

썩어질 것, 유한한 것, 낮은 가치의 것, 안개처럼 사라질 것을 추구하던 삶에서 영적인 것, 무한한 것, 높은 가치의 것, 영원한 것을 추구하는 삶을 살게 됩니다. 그것이 바로 성령이 주시는 힘입니다.

성령으로 충만할 때 영적인 눈을 뜰 수 있습니다. 하나님 나라를 바라볼 수 있습니다. 기적과 표적이 나타나고, 성도가 함께 유무상통하며, 세상에서 볼 수 없는 참된 교제가 있는 교회가 될 수 있습니다. 하나님은 오늘날에도 그런 교회를 통해 일하십니다.

오늘 이 시대 수많은 교회 중에 한 교회, 무력하고 생기를 잃어버린 교회가 되는 것이 아니라, 성령으로 충만하여 날마다 거룩한 역사를 써내려가며 이웃들에게 칭송을 받고 구원받는 성도의 수가 더해져 가는 복된 교회가 되시길 간절히 바랍니다.

| **'성령으로 탄생한 공동체'에 대해 생각해보기**

01. 교회가 무엇이라고 생각합니까? 생각을 나눠보세요.

02. 교회를 한 문장으로 정의한다면 어떻게 표현할 수 있을까요?

03. 교회는 어떻게 시작되었나요?

04. 주님이 원하시는 교회를 세우기 위해 가장 필요한 일은 무엇입니까?

* 암송 구절 – 사도행전 1:8

chapter 08

성령이 충만한 공동체

"빌기를 다하매 모인 곳이 진동하더니 무리가 다 성령이 충만하여 담대히 하나님의 말씀을 전하니라 믿는 무리가 한마음과 한 뜻이 되어 모든 물건을 서로 통용하고 자기 재물을 조금이라도 자기 것이라 하는 이가 하나도 없더라 사도들이 큰 권능으로 주 예수의 부활을 증언하니 무리가 큰 은혜를 받아 그 중에 가난한 사람이 없으니 이는 밭과 집 있는 자는 팔아 그 판 것의 값을 가져다가 사도들의 발 앞에 두매 그들이 각 사람의 필요를 따라 나누어 줌이라 구브로에서 난 레위족 사람이 있으니 이름은 요셉이라 사도들이 일컬어 바나바라 (번역하면 위로의 아들이라) 하니 그가 밭이 있으매 팔아 그 값을 가지고 사도들의 발 앞에 두니라" (사도행전 4:31-37)

성령이 충만한 공동체

좋은 교회, 건강한 교회, 영적인 교회를 세우는 것은 모든 목회자와 성도들의 바람일 것입니다. 많은 사람들이 교회다운 교회, 성경적인 교회를 보고 싶다고 말합니다. 그렇다면 어떤 교회를 성경적인 교회요, 아름다운 교회라 할 수 있을까요?

교세가 크고 웅장한 건물을 가지고 있으면 좋은 교회입니까? 소위 스타 목사가 시무하면 아름다운 교회가 될까요? 성도들의 지적 수준이 높고 재정적으로 여유로우면 교회다운 교회가 될 수 있습니까? 그와 같은 것들을 무시할 수는 없지만, 그런 것이 참다운 교회를 이루는 결정적인 요소는 될 수 없습니다.

교회의 삼고삼저 현상이 심각한 시대라고 합니다. 세 가지는 점점 높아지고, 세 가지는 점점 낮아지고 있다는 말입니다. 먼저 점점 높아지고 있는 세 가지는 교회를 떠나가는 성도의 숫자, 직분만 가졌을 뿐 일을 하지 않는 제직의 숫자, 교회 내 성도들의 활동 영역이라고 합니다. 반면에 점점 낮아지고 있는 세 가지는 새 신자의 숫자, 교회의 예산, 교회 구성원의 예배 출석률이라고 합니다.

오늘날 많은 교회들이 수난을 겪고 있습니다. 교세가 작으면 작은 교회라고 무시를 당합니다. 교세가 크면 큰 교회라고 손가락질을 당합니다. 세상이 교회를 신뢰하지 않습니다. 오히려 뉴스에서 앵커가 교회의 본질이 무엇인지에 대해 다시 가르쳐주는 그런 시대가 되었습니다.

그런 현상의 배후에 악한 세력의 불순한 목적이 있기도 하겠지만, 세상이 교회를 신뢰하지 못하는 시대가 되었다는 것은 부인할 수 없습니다. 많은 젊은이들이 간디의 말처럼 '예수는 yes, 교회는 no'라고 말합니다. 왜입니까? 교회의 모습이 예수님의 모습을 닮지 않고 세상을 닮아 변질되었기 때문입니다. 교회의 회복이 절실한 시대입니다. 성경적 교회의 모습대로 돌아가야 합니다.

성령을 기다리라

성경 최초의 교회는 사도행전 2장에 나오는 예루살렘 교회입니다. 예루살렘 교회는 예수님께서 부활하신 후 제자들에게 지상 명령을 내리신 이후에 나타납니다.

> "예수께서 나아와 말씀하여 이르시되 하늘과 땅의 모든 권세를 내게 주셨으니 그러므로 너희는 가서 모든 민족을 제자로 삼아 아버지와 아들과 성령의 이름으로 세례를 베풀고 내가 너희에게 분부한 모든 것을 가르쳐 지키게 하라 볼지어다 내가 세상 끝날까지 너희와 항상 함께 있으리라 하시니라" (마태복음 28:18-20)

사도행전 1장에 보면 예수님께서 이 지상 명령을 성령으로 하셨다는 것을 알 수 있습니다.

> "데오빌로여 내가 먼저 쓴 글에는 무릇 예수께서 행하시며 가르치시기를 시작하심부터 그가 택하신 사도들에게 성령으로 명하시고 승천하신 날까지의 일을 기록하였노라" (사도행전 2:1-2)

누가는 데오빌로에게 두 번의 편지를 썼습니다. 첫 번째 편지가 누가복음이고, 두 번째 편지가 사도행전입니다. 누가는 사도행전을 기록하면서 먼저 누가복음에 대해 언급합니다. 먼저 쓴 글인 누가복음에는 무릇 예수님의 행하시며 가르치시기를 시작하심부터 택하신 사도들에게 성령으로 명하시고 승천하신 날까지의 일을 기록했다고 밝힙니다.

예수님은 승천하시기 전 사도들에게 성령으로 명하셨습니다. 고난을 받고 부활하신 후에는 40일 동안 하나님 나라의 일을 가르치셨고, 또 한 가지 중요한 것을 당부하셨습니다. 그것은 바로 "너희는 예루살렘을 떠나지 말고 아버지의 약속하신 것을 기다리라"는 말씀입니다.

이미 주님은 제자들에게 당신께서 승천하신 후에 성령을 보내주실 것을 약속하셨습니다.

> "보혜사 곧 아버지께서 내 이름으로 보내실 성령 그가 너희에게 모든 것을 가르치고 내가 너희에게 말한 모든 것을 생각나게 하리라" (요한복음 14:26)

> "그러나 내가 너희에게 실상을 말하노니 내가 떠나가는 것이 너희에게 유익이라 내가 떠나가지 아니하면 보혜사가 너희에게로 오시지 아니할 것이요 가면 내가 그를 너희에게로 보내리니 그가 와서 죄에 대하여, 의에 대하여, 심판에 대하여 세상을 책망하시리라" (요한복음 16:7-8)

예수님께서는 반드시 성령을 보내주시겠다고 하셨습니다. 그렇기 때문에 성령을 받기 전에는 예루살렘을 떠나지 말라고 당부하셨습니다. 달리 표현하자면, 성령 받기 전에는 전도할 생각하지 말고, 성령 받기 전에는 교회 일도 하지 말라는 것입니다. 그래서 주님은 이스라엘 나라를 회복할 때에 대해 물은 제자들을 향해 거기에 신경 쓰지 말고 오직 성령을 받아 나의 증인이 되는 일에 몰두하라고 하신 것입니다.

오순절 성령 강림

> "오순절 날이 이미 이르매 그들이 다같이 한 곳에 모였더니" (사도행전 2:1)

제자들은 예수님의 말씀을 기억하고 한 곳에 모여 기도하며 성령을 기다렸습니다. 그리고 오순절이 되었을 때, 성령이 하늘로부터 급하고 강한 바람 같은 소리로 온 집안 가득히 임하셨습니다. 제자들은 불의 혀처럼 갈라지는 것들이 각 사람 위에 하나씩 임하여 있는 것을 목격했습니다. 그리고 어떤 일이 이어집니까?

> "그들이 다 성령의 충만함을 받고 성령이 말하게 하심을 따라 다른 언어들로 말하기를 시작하니라" (사도행전 2:4)

제자들은 모두 성령이 말하게 하심을 따라 다른 언어들로 말하기 시작했습니다. 제자들이 성령의 통제 아래에 있게 된 것을 의미합니다. 자신의 생각과 계획과 방법을 다 내려놓고, 성령께서 이끄시는 대로 주의 일을 하기 시작한 것입니다.

처음 교회는 성령으로 시작되었고, 성령의 통제를 받았고, 성령의 이끄심을 받았습니다. 성경적인 교회의 가장 중요한 DNA는 '성령'입니다. 성령이 없는 교회는 상상할 수 없습니다. 조금 더 분명하게 말하면, 성령의 역사가 없는 교회는 교회가 아니라는 것입니다. 성령이 없는 모임은 친목단체나 동아리 모임에 불과합니다.

친자 확인을 할 때는 반드시 DNA를 확인합니다. 생물학적으로는 DNA가 일치할 때 부모와 자녀의 관계가 성립됩니다. 교회도 마찬가지입니다. 하나님께서 처음 세우신 교회 안에 있던 DNA가 현대 교회에 없거나 일치하지 않는다면, 그것은 교회의 본질에서 벗어난 것이며 성경적인 교회가 아니라는 증거가 됩니다.

많은 사이비, 이단들도 교회라는 이름으로 모입니다. 서울의 어떤 교회는 한반도 통일을 위해 죽은 사람의 영령을 모시는 제사를 드리며 그것이 예배라고 주장합니다. 다른 DNA를 가지고 있는 것입니다. 그것은 결코 성경이 말하는 교회가 아닙니다.

하나님께서 계획하시고 탄생시키신 예루살렘 교회의 영적 DNA는 성령입니다. 그렇기에 성경적인 교회는 반드시 성령 DNA를 가지고 있어야 합니다. 그것이 없다면 성경적 교회가 아닙니다. 세속적인 여타 모임과 다를 것이 없습니다. 성경적 교회는 성령으로 시작하여 성령의 인도하심 가운데 사명을 감당했습니다.

그렇기 때문에 교회는 늘 성령을 보내주신다고 하신 예수님의 약속을 기억해야 합니다. 모든 사역에 성령을 인정하고, 성령의 역사하심과 인도하심을 구해야 합니다. 어떤 사람들은 성령의 역사는 성경 시대 이후로 더 이상 없다고 말하지만, 아닙니다. 오늘날에도 성령을 인정하고 성령의 인도하심을 신실하게 구하는 교회는 성령의 강력한 역사를 경험할 것입니다.

한마음과 한 뜻

그렇다면 과연 성령 DNA를 가진 교회, 성령으로 충만한 교회의 모습은 어떤 모습일까요?

> "믿는 무리가 한마음과 한 뜻이 되어 모든 물건을 서로 통용하고 자기 재물을 조금이라도 자기 것이라 하는 이가 하나도 없더라" (사도행전 4:32)

예루살렘 교회가 성령으로 충만할 때, 교회의 모든 사람이 한마음과 한 뜻이 되었습니다. 성령께서는 공동체를 한마음으로 만드시고, 한 뜻이 되게 하시는 분이시라는 것을 알 수 있습니다.

한마음이 무엇입니까? 모든 감정이 서로 통한다는 의미입니다. 예루살렘 교회의 성도들은 각양각색의 형편과 처지에 처해 있었습니다. 그런데 그런 그들이 한마음이 되었다는 것입니다.

사람의 마음이 하나 되는 것이 결코 쉬운 일이 아닙니다. 한승덕 시인은 사람의 마음이 작은 우주와 같다고 했습니다. 그렇습니다. 사람의 마음은 대단히 복잡하고 미묘합니다. 신체도 마찬가지입니다. 수많은 세포로 구성된 사람의 몸은 작은 우주라고 해도 지나친 말이 아닙니다.

사람들 간의 관계를 보면, 제각기 작은 우주와도 같은 까닭인지 오해도 많고 갈등도 많은 것이 사실입니다. 공동체 안에서도 일이 힘들어서 떠나는 사람보다 사람들 사이의 관계가 어려워서 떠나는 사람이 더 많습니다.

그런데 성경은 초대 교회가 성령으로 충만할 때, 한마음과 한 뜻이 되어 흩어지지 않았다고 말씀합니다. 이것이 바로 성령으로 충만한 교회의 특징입니다. 배운 사람이나 배우지 못한 사람, 건강한 사람이나 병약한 사람, 부유한 사람이나 가난한 사람, 높은 지위에 있는 사람이나 낮고 천한 자리에 있는 사람이나 구분이 없었습니다. 하나가 되었습니다.

영적인 교만함이나 우월감이 있다면 교회는 결코 하나 될 수 없습니다. 성령은 낮은 마음에 임하십니다. 자신을 내세울 것이 없는 텅 빈 마음에 임하십니다. 나보다 남을 낫게 여기는 자에게 임하십니다.

성령 DNA가 있는 교회, 성령으로 충만한 교회는 하나 되는 일에 적극적으로 힘씁니다. 이기적이고 자기중심적인 자아의 실현보다 공동체적 가치의 실현을 우선으로 생각합니다. 교회가 진짜 자랑해야 할 것은, 교회 안에 배운 사람의 수가 얼마나 많은지, 권력을 가진 사람이 얼마나 많은지, 부유한 사람이 얼마나 많은지가 아닙니다. 교회는 성도들이 세속적 가치를 배설물처럼 여기고, 서로를 존귀하게 여기며 한마음과 한 뜻을 이루어 감을 자랑으로 여겨야 합니다.

> "나는 세상에 더 있지 아니하오나 그들은 세상에 있사옵고 나는 아버지께로 가옵나니 거룩하신 아버지여 내게 주신 아버지의 이름으로 그들을 보전하사 우리와 같이 그들도 하나가 되게 하옵소서" (요한복음 17:11)

요한복음 17장은 예수님의 대제사장적 기도의 내용이 나옵니다. 예수님은 제자들의 하나 됨을 위해 기도하셨습니다. 성부, 성자, 성령께서 하나이신 것처럼 부름 받은 교회 공동체가 하나 되기를 기도하셨습니다.

오케스트라가 아름다운 것은 각기 다른 악기가 모여 아름다운 하모니를 이루기 때문입니다. 만일 다양한 악기 중 자신의 소리만 돋보이게 연주하면 조화는 깨질 수밖에 없습니다. 나의 소리보다 다른 악기의 소리도 함께 들을 수 있는 귀가 있고, 한 소리를 내어 조화를 이룰 수 있는 실력이 있을 때 아름다운 연주가 가능한 것입니다.

교회의 하나 됨은 주님의 바람입니다. 아무리 대단한 사역을 감당한다고 하여도 하나 되지 못한 채 진행한다면 의미가 없습니다. 사람들에게 인정받을 수는 있지만 하나님께 인정받지는 못합니다. 서로를 낮게 여기며 하나 되기를 힘쓰십시오. 서로 자신을 낮추고 상대를 높이며 한마음 되기를 힘쓰십시오. 각자 자신의 뜻을 내려놓고 주님의 뜻을 품으십시오.

복음 전도

다음으로 성령 충만한 교회의 특징은 하나님의 말씀을 전한다는 점입니다.

> "빌기를 다하매 모인 곳이 진동하더니 무리가 다 성령이 충만하여 담대히 하나님의 말씀을 전하니라" (사도행전 4:31)

성령으로 충만해진 제자들은 담대히 하나님의 말씀을 전했습니다. 그들이 전한 하나님의 말씀의 핵심은 예수 그리스도였습니다. 예수님의 죽음과 부활, 예수님의 메시아 되심이 그들이 선포한 말씀의 주요 내용이었습니다.

> "이스라엘 사람들아 이 말을 들으라 너희도 아는 바와 같이 하나님께서 나사렛 예수로 큰 권능과 기사와 표적을 너희 가운데서 베푸사 너희 앞에서 그를 증언하셨느니라 그가 하나님께서 정하신 뜻과 미리 아신 대로 내준 바 되었거늘 너희가 법 없는 자들의 손을 빌려 못 박아 죽였으나 하나님께서 그를 사망의 고통에서 풀어 살리셨으니 이는 그가 사망에 매여 있을 수 없었음이라" (사도행전 2:22-24)

> "이 예수를 하나님이 살리신지라 우리가 다 이 일에 증인이로다" (사도행전 2:32)

> "그런즉 이스라엘 온 집은 확실히 알지니 너희가 십자가에 못 박은 이 예수를 하나님이 주와 그리스도가 되게 하셨느니라 하니라" (사도행전 2:36)

성령으로 충만케 된 베드로는 거침없이 예수님을 전했습니다. 유대인들이 믿는 구약을 근거로 삼아 예수님의 메시아 되심을 선포했습니다. 그들은 자신들의 삶의 이유와 목적을 주님의 죽으심과 부활하심을 증언하는 것에서 찾았습니다.

성령으로 충만한 교회는 반드시 예수 그리스도를 전하게 되어 있습니다. 어떤 핍박과 고난이 찾아오더라도 결코 중단하거나 포기하지 않습니다. 목숨이 붙어 있는 한 예수님의 죽으심과 부활하심, 그리고 그분이 우리의 죄의 문제를 해결해 주실 유일한 구원자가 되심을 선포합니다.

> "사도들이 백성에게 말할 때에 제사장들과 성전 맡은 자와 사두개인들이 이르러 예수 안에 죽은 자의 부활이 있다고 백성을 가르치고 전함을 싫어하여 그들을 잡으매 날이 이미 저물었으므로 이튿날까지 가두었으나 말씀을 들은 사람 중에 믿는 자가 많으니 남자의 수가 약 오천이나 되었더라" (사도행전 4:1-4)

사도들은 복음을 전하다가 붙잡혀 갔습니다. 그런데 사도들이 이미 전한 말씀 때문에 믿는 자가 남자만 오천 명이 되었습니다. 여자와 아이들까지 포함하면 더 많은 숫자가 복음을 듣고 구원 받은 것입니다.

그들은 붙잡힌 다음날에 관리들과 장로들과 서기관들, 그리고 대제사장 안나스와 가야바와 요한과 알렉산더와 및 대제사장들 앞에 서게 되었습니다. 생각해 보십시오. 당대에 종교적으로나 정치적으로 가장 큰 권력자들 앞에 선 것입니다. 반면에 사도들은 직업도, 학벌도 보잘 것 없는 무명인들이었습니다.

수많은 사람들에게 둘러싸인 채, 그들의 살기어린 눈빛을 받아내야 했습니다. 무시와 조롱을 견뎌내야 했습니다. 그것만으로도 매우 버거웠을 것입니다. 그런데 사도들은 담대하게 예수 그리스도를 전했습니다.

"이에 베드로가 성령이 충만하여 이르되 백성의 관리들과 장로들아 만일 병자에게 행한 착한 일에 대하여 이 사람이 어떻게 구원을 받았느냐고 오늘 우리에게 질문한다면 너희와 모든 이스라엘 백성들은 알라 너희가 십자가에 못 박고 하나님이 죽은 자 가운데서 살리신 나사렛 예수 그리스도의 이름으로 이 사람이 건강하게 되어 너희 앞에 섰느니라 이 예수는 너희 건축자들의 버린 돌로서 집 모퉁이의 머릿돌이 되었느니라 다른 이로써는 구원을 받을 수 없나니 천하 사람 중에 구원을 받을 만한 다른 이름을 우리에게 주신 일이 없음이라 하였더라" (사도행전 4:8-12)

초대 교회는 목숨의 위협 속에서도 예수 그리스도를 전했습니다. 어디서든, 누굴 만나든 그들은 예수 그리스도에 관한 이야기를 나눴습니다. 성령 충만한 교회는 반드시 예수 그리스도를 전하게 되어 있습니다. 복음은 교회 공동체 안에만 머무는 것이 아니라 성도들의 삶의 지경에서 선포되어야 합니다.

직장에서, 학교에서 핍박이 두렵고 놀림거리가 될까봐 복음을 전하지 못한다면 문제가 있는 것입니다. 먼저 삶으로 예수님을 믿는 신자의 삶을 제대로 보여주고, 기회가 주어지는 대로 복음을 전해야 합니다. 성령으로 충만할 때 우리는 어떤 핍박에도 굴하지 않고 복음을 전하는 삶을 살게 될 것입니다.

사도들은 예수님의 이름을 위하여 능욕 받는 일에 합당한 자로 여기심을 기뻐하며 공회 앞을 떠났다고 성경은 말씀합니다. 매를 맞고, 조롱을 당하고, 욕을 먹어도 예수 그리스도를 전함으로 인해 받는 고난이므로 기쁘게 여겼다는 것입니다.

> "사도들은 그 이름을 위하여 능욕 받는 일에 합당한 자로 여기심을 기뻐하면서 공회 앞을 떠나니라 그들이 날마다 성전에 있든지 집에 있든지 예수는 그리스도라고 가르치기와 전도하기를 그치지 아니하니라" (사도행전 5:41-42)

사도들은 끝까지 포기하지 않고 성전에서 모이든지, 집에서 모이든지 예수님을 전하는 일을 멈추지 않았습니다. 성령 충만한 교회는 끝까지 예수 그리스도를 전합니다. 오늘날 많은 성도들이 전도가 어렵다고 말합니다. 물론 시대가 변함에 따라 복음 전도가 쉽지 않은 것은 사실입니다. 그러나 사도 시대에는 복음을 전하는 것이 더 어려웠음은 두말할 필요가 없습니다. 그럼에도 불구하고 그들은 복음을 전했습니다. 차이는 하나, '성령으로 충만한가, 그렇지 않은가?'에 있습니다.

하나님은 오늘도 매일의 삶에 성령으로 충만하여 끝까지 예수 그리스도를 증거하는 교회를 찾고 계십니다. 예수 그리스도를 전하다 받는 어려움을 기쁘게 여길 수 있는 그런 교회가 되십시오. 오늘날에도 동일하게 역사하시는 성령의 크신 역사를 보게 될 것입니다.

유무상통의 삶

성령으로 충만한 교회의 세 번째 특징은 성도들이 유무상통하는 삶을 산다는 점입니다. 성경은 성령으로 충만한 사람은 반드시 나누고, 섬기고, 베푸는 삶을 살아가게 된다고 말씀합니다.

> "믿는 사람이 다 함께 있어 모든 물건을 서로 통용하고 또 재산과 소유를 팔아 각 사람의 필요를 따라 나눠 주며" (사도행전 2:44-45)

> "믿는 무리가 한마음과 한 뜻이 되어 모든 물건을 서로 통용하고 자기 재물을 조금이라도 자기 것이라 하는 이가 하나도 없더라" (사도행전 4:32)

서울에 있는 어떤 교회의 한 성도가 사업을 하다가 완전히 망하게 되었는데, 그와 함께 소그룹 모임을 하는 다른 성도가 그가 재기할 수 있도록 사업 자금 1억을 몰래 주고 갔다는 이야기를 들은 적이 있습니다. 그 이야기를 들으며 그 교회는 진짜 교회라는 생각을 한 적이 있습니다.

그렇습니다. 성령 충만한 교회, 건강한 영적 DNA를 가진 교회는 반드시 나누고 베풀고 섬깁니다. 자신의 소유를 자기 것으로 여기지 않고 하나님께서 주신 것으로 여깁니다. 지체들의 아픔을 나의 아픔으로 여기며 그들을 돕기 위해 할 수 있는 모든 것을 다합니다.

초대 교회 성도들이 유무상통의 삶을 살 수 있었던 이유는 무엇입니까?

성령이 부어지는 사건을 세상의 종말이라고 이해했기 때문입니다. 구약에 예언된 하나님의 나라가 메시아이신 예수님을 통해 임했다고 믿었습니다. 하나님의 나라에는 종이 없고, 빈부격차가 없어야 합니다. 그래서 그들은 힘써 구제했고, 어려운 지체들을 도왔습니다. 그 결과 초대 교회에는 가난한 자가 없었다고 성경은 말씀합니다.

성령으로 충만한 교회는 성도들이 서로를 돌보기에 바쁩니다. 자신의 성공과 가족의 안위만을 챙기는 이기적인 신앙은 성령 충만과 거리가 먼 모습입니다. 손해를 보고, 형편이 어려워져도 하나님께서 한 공동체를 이루게 하신 지체들을 위해 나누는 삶을 사는 이들이 성령 충만한 공동체라 할 수 있습니다.

오늘날 우리의 관심과 시선이 어디에 머물러 있는지 점검해 볼 필요가 있습니다. 정기적으로 구제 헌금을 드리는 일도 참 귀합니다. 그러나 눈을 크게 뜨고 부지런히 다니며 공동체 내 어려운 지체를 찾아다니며 그들의 어려움을 함께 공감하며 돕기 위한 수고도 함께 더해져야 합니다.

세상 사람들도 구호금을 모금하는 일에 열심을 냅니다. 그러나 자신의 시간을 드리고 마음을 드려 지체를 돕기 위해 수고하고 애쓰는 공동체는 교회밖에 없습니다. 성령으로 충만한 교회만이 그렇게 살아낼 수 있습니다. 그런 삶은 감히 세상이 흉내 낼 수도 없습니다.

그것이 바로 성령 충만한 교회의 '코이노니아'입니다. 하나님께서 만나게 하신 교회 공동체를 위해 무엇을 희생하고 헌신할 수 있을까 고민해

보십시오. 아무도 모르는 아픔으로 고난의 시간을 보내고 있는 지체가 없는지 부지런히 살피십시오. 그들을 형제요, 자매로 여기며 나누고 베풀고 섬기고 살리는 삶을 사십시오.

'성령이 충만한 공동체'에 대해 생각해보기

01. 오늘날 교회가 신뢰를 잃어버린 이유는 어디에 있다고 생각합니까?

02. 예수님께서 승천하시기 전에 주신 약속은 무엇입니까? 그것이 어떤 의미를 가지고 있는지 함께 나눠보세요.

03. 성령 충만한 교회의 특징 3가지는 무엇입니까?

04. 성령 충만한 교회가 되기 위하여 실천해야 할 것들을 함께 나눠보세요.

* 암송 구절 – 사도행전 4:31

chapter 09

성령의 권능이 나타나는 공동체

"데오빌로여 내가 먼저 쓴 글에는 무릇 예수께서 행하시며 가르치시기를 시작하심부터 그가 택하신 사도들에게 성령으로 명하시고 승천하신 날까지의 일을 기록하였노라 그가 고난 받으신 후에 또한 그들에게 확실한 많은 증거로 친히 살아 계심을 나타내사 사십 일 동안 그들에게 보이시며 하나님 나라의 일을 말씀하시니라 사도와 함께 모이사 그들에게 분부하여 이르시되 예루살렘을 떠나지 말고 내게서 들은 바 아버지께서 약속하신 것을 기다리라 요한은 물로 세례를 베풀었으나 너희는 몇 날이 못되어 성령으로 세례를 받으리라 하셨느니라 그들이 모였을 때에 예수께 여쭈어 이르되 주께서 이스라엘 나라를 회복하심이 이 때니이까 하니 이르시되 때와 시기는 아버지께서 자기의 권한에 두셨으니 너희가 알 바 아니요 오직 성령이 너희에게 임하시면 너희가 권능을 받고 예루살렘과 온 유대와 사마리아와 땅끝까지 이르러 내 증인이 되리라 하시니라 오직 성령이 너희에게 임하시면 너희가 권능을 받고 예루살렘과 온 유대와 사마리아와 땅끝까지 이르러 내 증인이 되리라 하시니라" (사도행전 1:1-8)

성령의 권능이 나타나는 공동체

인도 출생의 영국 작가 조지프 러디어드 키플링(Joseph Rudyard Kipling)이 1893년과 1894년에 걸쳐 발표한 '정글북'(The Jungle Book)이라는 소설이 있습니다.

이 소설에는 '모글리'라는 주인공이 등장합니다. 모글리는 갓난아기 때부터 정글에서 자랐습니다. 늑대 가족이 호랑이 쉬어 칸의 공격으로부터 구해준 후로 늑대 무리에 섞여 살기 시작했고, 표범 바기라와 곰 발루에게 정글의 언어와 살아가는 방식을 배우게 됩니다.

소설은 모글리가 성장 과정에서 겪은 놀라운 모험 이야기가 주를 이루고 있습니다. 호랑이 쉬어 칸과의 결투, 메스와 부부를 구해준 사건, 늑대 무리의 지도자 우카일라의 죽음 등 여러 가지 이야기가 전개됩니다.

결국 모글리는 자기를 낳아준 어머니 메스와를 다시 만나고 인간 세계로 돌아갈 것을 결심하게 됩니다.

소설 정글북은 엄청난 인기를 얻었고, 키플링은 이 소설을 통해 최연소 노벨 문학상 수상자가 되었습니다. 그런데 이 소설과 같은 이야기가 현실 세계 속에서도 일어난 적이 있습니다.

1920년 12월 인도에서 고아원을 운영하던 '자알 신그'라는 사람이 자신의 가축을 잡아먹는 호랑이를 찾아 사냥꾼과 함께 숲속을 탐색했을 때, 아주 후미진 깊은 산 속 동굴 안에서 여자 아이 2명을 발견했습니다. 2살, 7살 정도 되어 보이는 두 소녀는 사람들을 발견하자 늑대처럼 공격하려 했다고 합니다.

자알 신그는 두 여자 아이에게 각각 '아말라', '카말라'라는 이름을 붙이고 집으로 데려왔습니다. 아이들은 사람의 모습을 하고 있었지만 행동 양식은 늑대와 다를 것이 없었습니다. 늑대 소리를 내고, 네 발로 다녔습니다. 음식을 날로 먹었고, 옷을 입혀주면 다 찢어 버렸습니다. 어두운 곳을 좋아했고, 사람들의 손길이 닿는 것을 무척 경계했습니다.

두 아이들은 인간 사회에서 적응하여 살 수 있도록 교육을 받았습니다. 그러나 두 아이를 인간다운 삶을 살게 가르치는 것은 쉽지 않았습니다. 결국 일 년이 채 못 되어서 동생 아말라가 죽게 되었습니다. 누나인 카말라는 1년 반 정도 지나 직립 보행을 배웠고, 9년 후에는 언어를 배워 유아처럼 말을 하기 시작했습니다. 그러나 그녀도 알 수 없는 병에 걸려 죽게 됩니다.

사람이 인간 사회와 격리된 환경에서 성장하게 되면 사회화 교육을 해도 인간과 소통하는 능력을 갖추는 것이 어렵다는 것을 보여줍니다. 이런 현상을 심리학 용어로 '모글리 신드롬' 또는 '모글리 현상'이라고 부릅니다.

교회 내 모글리 신드롬

모글리 신드롬은 비단 사회적 현상만은 아닌 것 같습니다. 오늘날 교회 안에도 모글리 신드롬 현상이 나타나고 있습니다. 겉으로 보기에는 분명 예수님을 믿는 사람입니다. 예배를 드리고 교회 여러 모임에 참석합니다. 사람들에게도 자신을 그리스도인이라고 소개합니다. 그러나 언어와 행동은 전혀 예수님을 믿는 사람처럼 보이지 않습니다.

이처럼 오늘날 교회 안에 호칭은 그리스도인이고 하나님의 자녀일지 모르지만 삶은 전혀 그렇지 않은 사람들이 많습니다. 구원받은 사람이라고 하지만 구원과 전혀 상관없는 삶을 살고, 하나님의 자녀라고 말하지만 하나님을 전혀 알지 못하는 자들과 다름없는 삶을 살아갑니다.

주일에 교회에 나와 예배는 드리지만 예배의 자리보다 세상에서 노는 자리가 훨씬 편안하게 느껴지는 사람들, 구원받은 경험이 있고 신령한 은사를 경험한 적도 있지만 과거의 기억과 경험으로만 남아 있는 사람들, 영적으로 메마른 채 하나님과 단절된 삶을 살고 있는 사람들 모두 '모글리 크리스찬'이라 할 수 있습니다.

왜 모글리 크리스찬이 생깁니까? 크리스찬이라는 이름은 가지고 있지만, 삶은 논 크리스찬으로 사는 이유는 무엇입니까? 성령의 권능과 능력으로 살지 못하기 때문입니다.

너희는 나를 누구라 하느냐

마태복음 16장에 보면 예수님께서 가이샤라 빌립보를 지나시던 중 제자들에게 질문하시는 장면이 나옵니다.

> "예수께서 빌립보 가이사랴 지방에 이르러 제자들에게 물어 이르시되 사람들이 인자를 누구라 하느냐 이르되 더러는 세례 요한, 더러는 엘리야, 어떤 이는 예레미야나 선지자 중의 하나라 하나이다 이르시되 너희는 나를 누구라 하느냐 시몬 베드로가 대답하여 이르되 주는 그리스도시요 살아 계신 하나님의 아들이시니이다 예수께서 대답하여 이르시되 바요나 시몬아 네가 복이 있도다 이를 네게 알게 한 이는 혈육이 아니요 하늘에 계신 내 아버지시니라 또 내가 네게 이르노니 너는 베드로라 내가 이 반석 위에 내 교회를 세우리니 음부의 권세가 이기지 못하리라 내가 천국 열쇠를 네게 주리니 네가 땅에서 무엇이든지 매면 하늘에서도 매일 것이요 네가 땅에서 무엇이든지 풀면 하늘에서도 풀리리라 하시고" (마태복음 16:13-19)

예수님께서 제자들에게 물어보셨습니다. '너희는 나를 누구라 생각하느냐?' 그러자 시몬 베드로가 얼른 대답했습니다. '주는 그리스도시요 살아계신 하나님의 아들이십니다.'

그 덕에 베드로는 예수님께 굉장히 큰 칭찬을 받았습니다. 예수님은 베드로의 고백을 들으시고 천국의 열쇠를 주신다고 하셨습니다. 물론 이것은 베드로의 고백, 즉 '주는 그리스도시요 살아계신 하나님의 아들이시니이다'라는 믿음의 반석 위에 세워진 교회에게 주신 특권입니다. 그렇지만 분명한 것은 주님은 베드로의 고백을 기뻐하셨고, 그를 칭찬하셨다는 것입니다. 그런데 이어지는 내용을 보면 이와 상반된 내용이 나옵니다.

> "이 때로부터 예수 그리스도께서 자기가 예루살렘에 올라가 장로들과 대제사장들과 서기관들에게 많은 고난을 받고 죽임을 당하고 제삼일에 살아나야 할 것을 제자들에게 비로소 나타내시니 베드로가 예수를 붙들고 항변하여 이르되 주여 그리 마옵소서 이 일이 결코 주께 미치지 아니하리이다 예수께서 돌이키시며 베드로에게 이르시되 사탄아 내 뒤로 물러 가라 너는 나를 넘어지게 하는 자로다 네가 하나님의 일을 생각하지 아니하고 도리어 사람의 일을 생각하는도다 하시고 이에 예수께서 제자들에게 이르시되 누구든지 나를 따라오려거든 자기를 부인하고 자기 십자가를 지고 나를 따를 것이니라 누구든지 제 목숨을 구원하고자 하면 잃을 것이요 누구든지 나를 위하여 제 목숨을 잃으면 찾으리라"
> (마태복음 16:21-25)

베드로의 고백을 들으신 예수님께서는 제자들이 준비가 되었다고 생각하셨는지도 모르겠습니다. 성경은 그때부터 비로소 예수님께서 제자들에게 수난과 부활에 대해 나타내셨다고 말씀합니다.

그런데 예수님께서 종교 지도자들에 의해 죽임을 당하시고 사흘 만에 부활할 것을 이야기 하시자 베드로가 돌변합니다. '그게 무슨 소리입니까? 절대 그럴 수 없습니다. 죽긴 누가 죽습니까?' 하며 베드로가 예수님께 항변하였습니다.

그런 베드로를 향해 예수님이 뭐라고 말씀하십니까? '사탄아 내 뒤로 물러가라! 너는 나를 넘어지게 하는 자로다!'라고 꾸짖으셨습니다. 조금 전까지 칭찬을 들었던 베드로였지만, 주님의 일과 상관없이 자신의 인간적인 생각을 앞세웠을 때 사탄이라는 책망을 받았습니다.

베드로를 포함한 제자들은 예수님이 그리스도이심을 믿었지만, 그 믿음은 온전하지 못했습니다. 예수님이 강력한 힘과 능력으로 로마로부터 이스라엘을 구원할 정치적 메시아라고 오해한 것입니다.

제자들은 예수님과 먹고 자며, 오랜 시간을 함께 했습니다. 예수님께서 일으키시는 놀라운 기적을 보았고, 세상 어디에서도 들을 수 없는 지혜의 말씀을 들었습니다. 그러나 그들은 예수님이 누구신지에 대해 바르게 알지 못했습니다. 그래서 베드로는 예수님께 항변하는 어처구니없는 모습까지 보여준 것입니다.

사람의 힘으로는 불가능하다

그런가 하면 마태복음 26장에는 베드로가 예수님을 부인하는 장면도 나옵니다.

> "그 때에 예수께서 제자들에게 이르시되 오늘 밤에 너희가 다 나를 버리리라 기록된 바 내가 목자를 치리니 양의 떼가 흩어지리라 하였느니라 그러나 내가 살아난 후에 너희보다 먼저 갈릴리로 가리라 베드로가 대답하여 이르되 모두 주를 버릴지라도 나는 결코 버리지 않겠나이다 예수께서 이르시되 내가 진실로 네게 이르노니 오늘 밤 닭 울기 전에 네가 세 번 나를 부인하리라 베드로가 이르되 내가 주와 함께 죽을지언정 주를 부인하지 않겠나이다 하고 모든 제자도 그와 같이 말하니라" (마태복음 26:31-35)

예수님께서 잡히시던 날, 제자들에게 너희가 다 나를 버릴 것이라고 말씀하셨습니다. 그러자 베드로는 모든 제자들이 다 주를 버릴지라도 자신만은 주님을 버리지 않을 것이라고 합니다. 주님은 그런 베드로를 향해 네가 오늘 밤 닭 울기 전에 세 번 나를 부인할 것이라고 말씀하셨습니다. 그 말이 끝나기가 무섭게 베드로는 주와 함께 죽을지언정 그런 일은 없을 거라고 자신 있게 말했습니다.

마태복음의 이어지는 내용을 보면 제자들을 포함한 베드로의 고백이 얼마나 허망한 고백이었는지 잘 알 수 있습니다. 예수님을 붙잡기 위해 군사들이 왔을 때, 제자들은 모두 도망쳐 버립니다.

> "그 때에 예수께서 무리에게 말씀하시되 너희가 강도를 잡는 것 같이 칼과 몽치를 가지고 나를 잡으러 나왔느냐 내가 날마다 성전에 앉아 가르쳤으되 너희가 나를 잡지 아니하였도다 그러나 이렇게 된 것은 다 선지자들의 글을 이루려 함이니라 하시더라 이에 제자들이 다 예수를 버리고 도망하니라" (마태복음 26:55-56)

도망쳤던 베드로는 멀찍이 예수님이 어떻게 되시는가를 보려고 뒤따랐습니다. 대제사장의 집 뜰에 가서 하인들과 함께 앉아 있었습니다. 그때 한 여종이 베드로를 향해 예수님과 함께 있던 사람이라고 고발했습니다. 그때 베드로가 어떻게 합니까?

> "앞문까지 나아가니 다른 여종이 그를 보고 거기 있는 사람들에게 말하되 이 사람은 나사렛 예수와 함께 있었도다 하매 베드로가 맹세하고 또 부인하여 이르되 나는 그 사람을 알지 못하노라 하더라 조금 후에 곁에 섰던 사람들이 나아와 베드로에게 이르되 너도 진실로 그 도당이라 네 말소리가 너를 표명한다 하거늘 그가 저주하며 맹세하여 이르되 나는 그 사람을 알지 못하노라 하니 곧 닭이 울더라 이에 베드로가 예수의 말씀에 닭 울기 전에 네가 세 번 나를 부인하리라 하심이 생각나서 밖에 나가서 심히 통곡하니라" (마태복음 26:71-75)

조금 전까지는 주는 그리스도시요 살아계신 하나님의 아들이라는 놀라운 고백을 했습니다. 죽을지언정 주를 따른다고 했습니다. 물론 베드로는 주님 앞에서 자신의 진심을 이야기했을 것입니다. 충심으로 주를 따르겠다고 한 것이라고 생각합니다. 그러나 막상 죽음의 위협이 그를 에

워쌌을 때, 그는 그것을 이겨낼 능력이 없어서 결국 주님을 부인했습니다.

계집아이 앞에도 예수님을 모른다고 저주했습니다. 그런데 그것은 비단 베드로만의 모습은 아닙니다. 바로 우리의 모습일 수도 있습니다. 인간이 얼마나 나약한 존재인지 모릅니다. 고난 앞에서, 시련 앞에서, 죽음 앞에서 그 누구도 자유로울 수 없습니다. 인간의 능력으로 이겨낼 수 없습니다.

진정한 신앙의 용기는 인간적 각오와 결심으로 되는 것이 아닙니다. 인간의 힘과 의지와 노력과 결심으로 하려면 백전백패할 수밖에 없습니다. 신앙생활은 영적인 삶입니다. 그렇기 때문에 영적인 힘이 공급되어야 승리할 수 있습니다. 바로 성령의 능력, 성령의 도우심으로만 가능하다는 말입니다.

성령의 도우심으로

예수님은 하나님의 아들이셨음에도 불구하고 성령의 도우심으로 사역을 감당하셨습니다.

> "예수 그리스도의 나심은 이러하니라 그의 어머니 마리아가 요셉과 약혼하고 동거하기 전에 성령으로 잉태된 것이 나타났더니 그의 남편 요셉은 의로운 사람이라 그를 드러내지 아니하고 가만히 끊고자 하여 이

> 일을 생각할 때에 주의 사자가 현몽하여 이르되 다윗의 자손 요셉아 네 아내 마리아 데려오기를 무서워하지 말라 그에게 잉태된 자는 성령으로 된 것이라" (마태복음 1:18-20)

예수님은 모친 마리아에게 성령으로 잉태 되셨습니다. 침례 요한에게 침례를 받을 때 성령이 비둘기 같이 예수님께 임했습니다. 그것은 이후로 예수님께서 행하시는 모든 기적이 성령으로 말미암아 행하시는 것임을 보여줍니다.

> "그러나 내가 하나님의 성령을 힘입어 귀신을 쫓아내는 것이면 하나님의 나라가 이미 너희에게 임하였느니라" (마태복음 12:28)

> "그 때에 예수께서 성령으로 기뻐하시며 이르시되 천지의 주재이신 아버지여 이것을 지혜롭고 슬기 있는 자들에게는 숨기시고 어린 아이들에게는 나타내심을 감사하나이다 옳소이다 이렇게 된 것이 아버지의 뜻이니이다" (누가복음 10:21)

예수님은 성령을 힘입어 귀신을 쫓아내셨고 병자를 고치시며 하나님 나라 복음을 전하셨습니다. 예수님은 성령으로 기뻐하셨습니다. 세상으로 인한 기쁨이 아니라, 함께하시는 성령으로 인해 기뻐하셨습니다. 이렇듯 예수님은 평생 성령의 능력으로 사셨습니다.

예수님도 성령의 능력으로 사셨는데, 하물며 연약한 우리들은 어떻겠습니까? 우리야말로 성령의 능력이 없이는 참다운 그리스도인으로 사는 것이 불가능합니다. 그렇기에 늘 성령의 도우심을 구해야 합니다. 성령은 우리를 도우시기 위해 오신 주님의 영이십니다.

그런데 오늘날 많은 그리스도인들이 성령의 존재를 잊은 채 살아갑니다. 예수님을 믿는 순간 성령께서 우리 마음에 찾아오십니다. 결코 우리를 떠나지 않으시고 함께 하십니다. 낙심될 때, 힘들 때, 고민이 될 때 성령님은 우리를 도우실 준비가 다 되어 있는데, 그분을 의지하지 않고 다른 도움을 구할 때가 얼마나 많은지 모르겠습니다.

세상의 돈이나 권력이 자신을 도울 수 있다고 생각하고, 사람이 도울 수 있다고 생각합니다. 그렇지 않습니다. 사람의 도움에는 한계가 있습니다. 진정으로 우리가 의지해야 할 분은 성령님입니다.

오늘날 무기력한 그리스도인들, 능력이 없는 그리스도인들, 이 시대의 모글리 그리스도인들이 그렇게도 많은 이유가 무엇입니까? 성령의 능력을 의지하지 않기 때문입니다. 성령을 의지하지 않고 자신의 힘과 능력으로 살기 때문에 지치고, 넘어지고, 쓰러지는 것입니다.

성령의 도우심을 구하는 삶을 사십시오. 범사에 성령을 인정하고 의지하는 삶을 살 때 능력 있는 성도의 삶을 살 수 있습니다.

성령으로 변화된 삶

사도행전 1-12장에는 베드로를 중심으로 복음이 전파되는 모습이 잘 나타나 있습니다. 오순절에 성령이 임하셨습니다. 마가의 다락방에 모여 오로지 기도에 힘쓰던 주님의 제자들 200여 명이 성령으로 충만하게 되었습니다. 그들은 모두 방언으로 하나님의 크신 일을 전하였습니다.

그 까닭에 오순절을 보내기 위해 예루살렘에 모였던 디아스포라 유대인들이 각자 난 곳 방언으로 복음을 들을 수 있었습니다. 어떤 이들은 예수님의 제자들이 술에 취한 것이라고 조롱했지만, 베드로는 당당히 일어나서 자신들이 술 취한 것이 아님을 밝히고 말씀을 전했습니다.

베드로는 요엘서 2장 28-32절의 말씀을 인용하여 종말의 때가 임했다는 말과 함께 예수님의 부활하심과 그리스도 되심을 증거했습니다. 예수 그리스도의 이름으로 침례를 받고 죄 사함을 받으면 성령을 선물로 받게 될 것이라고 전파했습니다. 여러 말로 확증하며 패역한 세대에서 구원을 받으라고 권했습니다. 그러한 베드로의 설교는 놀라운 부흥으로 이어졌습니다.

> "그 말을 받은 사람들은 세례를 받으매 이 날에 신도의 수가 삼천이나 더하더라 그들이 사도의 가르침을 받아 서로 교제하고 떡을 떼며 오로지 기도하기를 힘쓰니라 사람마다 두려워하는데 사도들로 말미암아 기사와 표적이 많이 나타나니 믿는 사람이 다 함께 있어 모든 물건을 서로 통용하고 또 재산과 소유를 팔아 각 사람의 필요를 따라 나눠 주며 날마

> 다 마음을 같이하여 성전에 모이기를 힘쓰고 집에서 떡을 떼며 기쁨과 순전한 마음으로 음식을 먹고 하나님을 찬미하며 또 온 백성에게 칭송을 받으니 주께서 구원 받는 사람을 날마다 더하게 하시니라" (사도행전 2:41-47)

베드로의 설교를 듣고 신도의 수가 삼천이나 늘었습니다. 그렇게 예루살렘 교회가 탄생했습니다. 그들은 성령 충만함으로 사도들의 가르침을 받았고, 서로 교제했으며, 떡을 떼고, 오로지 기도하기를 힘썼습니다. 사도들로 말미암은 기적이 많이 나타났고, 성도들은 물건을 서로 함께 나눠서 사용했습니다. 자신의 것을 자신의 것으로 주장하지 않고 어려운 지체를 섬기는 일에 사용했습니다.

그들은 날마다 가정에서 마음을 같이해서 모였습니다. 또한 성전에서 모이기도 힘썼습니다. 모일 땐 항상 순전한 마음과 하나님을 향한 찬양이 있었습니다. 이전에 보지 못한 공동체요, 하늘에 속한 공동체인 교회를 보며 수많은 사람들이 칭찬을 했습니다. 이것이 바로 성령 충만했던 초대 교회의 모습입니다.

이어지는 3장에는 베드로가 태어나면서부터 지체 장애인이었던 사람을 예수님의 이름으로 고치는 장면이 나옵니다. 4장에는 베드로가 말씀을 전할 때 오천 명이 회개하고 주께 돌아오는 장면이 나옵니다. 죽음의 위협 속에서도 주눅 들지 않고 복음을 전하는 베드로의 모습을 볼 수 있습니다.

예수님을 부인했던 베드로가 완전히 다른 사람이 되어 있습니다. 예수님께서 보여주시던 기적을 베드로도 일으켰습니다. 죽음의 위협이 와도 더 이상 주님을 부인하지 않았습니다. 목숨을 걸고 주님을 증언하는 증인이 되었습니다. 베드로는 완전히 다른 사람이 되었습니다. 그것이 어떻게 가능했습니까? 오순절에 임한 성령 까닭에 가능했습니다.

성령은 우리의 삶을 변화시키십니다. 주님은 성령이 임하시면 권능을 받고 주님의 제자가 될 수 있다고 말씀하셨습니다. 성령이 없으면 증인이 될 수 없다는 것입니다. 성령이 임할 때 비로소 목숨을 걸고 주님을 증언하는 증인이 될 수 있습니다. 성령이 함께 하셔야 하나님의 살아계심을 나타내는 삶을 살 수 있습니다.

그럼에도 불구하고 오늘날 여러 교회 안에 열심을 내는 분들 가운데 성령이 없이 일하는 사람들을 볼 수 있습니다. 교회에 문제가 생기는 이유는 바로 그렇게 성령이 없이 일하는 사람들 때문입니다. 성령의 능력을 받기 전에는 일하지 말아야 합니다. 사람의 능력으로 할 수 있었다면 하나님께서 왜 성령을 보내주셨겠습니까?

> "사도와 함께 모이사 그들에게 분부하여 이르시되 예루살렘을 떠나지 말고 내게서 들은 바 아버지께서 약속하신 것을 기다리라" (사도행전 1:4)

예수님께서는 제자들에게 성령을 받기까지 예루살렘을 떠나지 말라고 당부하셨습니다. 성령을 받고 일하러 가라고 하신 것입니다. 성령을 받아야 예수님의 증인이 될 수 있기 때문입니다. 성령 없이도 할 수 있을 것 같지만, 조금만 지나면 시험에 듭니다. 사람들 사이에서 문제를 일으킵니다. 하나님께서 기뻐하시는 열매가 전혀 맺히지 않습니다.

성령의 권능으로

> "오직 성령이 너희에게 임하시면 너희가 권능을 받고 예루살렘과 온 유대와 사마리아와 땅끝까지 이르러 내 증인이 되리라 하시니라" (사도행전 1:8)

예수님께서는 제자들에게 성령이 임하시면 권능을 받게 된다고 말씀하셨습니다. 권능이라는 단어는 영어로 'power'입니다. 헬라어 성경에는 '듀나미스'(δύναμις)라고 되어 있습니다. '다이나마이트'의 어원이 '듀나미스'입니다. 성령이 주시는 권능은 역동적인 힘을 가지고 있습니다. 폭발적인 힘이 있습니다. 누구든 수류탄의 안전핀을 제거하고 던지면 터지는 것처럼, 누구든 성령의 능력으로 복음을 전하면 하나님의 역사가 나타납니다.

얼마나 많은 일을 했느냐가 중요한 것이 아닙니다. 과연 성령 충만함으로 일을 감당했느냐가 중요합니다. 사역의 노하우나 도와줄 인맥이 있느냐보다, 성령의 권능이 있느냐가 훨씬 더 중요합니다.

획기적인 프로그램이, 앞서가는 교육이, 놀라운 과학 기술이 사람을 변화시키지 못합니다. 사람을 변화시키는 것은 온전히 성령의 능력에 달려 있습니다. 정치나 경제, 문화가 세상을 변화시킬 수 있습니다. 그러나 온전한 하나님의 나라를 이루는 데에는 성령의 능력 없이는 절대로 불가능합니다.

어쩌면 오늘날 교회는 이것저것 너무 많은 것을 추구하는 것이 아닌지 모르겠습니다. 좋은 프로그램, 최신식 음향장비와 방송시스템, 화려한 건축과 세련된 인테리어 등 너무 많은 것으로 교회를 치장하려고 합니다.

주님은 화려한 건물과 편리한 주차장이 있을 때 복음을 전하라고 하지 않으셨습니다. 최신 음향장비와 방송시스템을 먼저 갖추라고 하지도 않으셨습니다. 획기적인 프로그램을 먼저 구비하고 사역을 시작하라고 하지도 않으셨습니다. 주님은 오직 성령이 주시는 권능을 받으라고 말씀하셨습니다.

성령의 권능이 강하게 나타났던 초대 교회의 영성을 이어받는 교회가 되길 바랍니다. 다른 것을 자랑할 것이 아니라 성령의 권능이 강하게 나타나 매일 믿는 사람의 수가 더해지며, 예수님 닮아가는 성도가 많아지는 교회가 되시길 바랍니다.

'성령의 권능이 나타나는 공동체'에 대해 생각해보기

01. 교회 안에 나타나고 있는 '모글리 현상'에 대해 어떻게 생각합니까?

02. 성령의 권능을 받기 전과 후의 제자들의 모습을 비교해 보세요.

03. 성령의 권능이 임했던 초대 교회는 어떤 모습이었나요?

04. 성령의 권능이 나타나는 공동체가 되기 위해 어떤 노력이 필요할까요?

* 암송 구절 – 마태복음 12:28

4부

성령,
세상에 살다

chapter 10

찬양과 감사로 사는 세상

"우리가 너희를 위하여 기도할 때마다 하나님 곧 우리 주 예수 그리스도의 아버지께 감사하노라 이는 그리스도 예수 안에서 너희의 믿음과 모든 성도에 대한 사랑을 들음이요 너희를 위하여 하늘에 쌓아둔 소망을 인함이니 곧 너희가 전에 복음 진리의 말씀을 들은 것이라 이 복음이 이미 너희에게 이르매 너희가 듣고 참으로 하나님의 은혜를 깨달은 날부터 너희 중에서와 같이 또한 온 천하에서도 열매를 맺어 자라는도다" (골로새서 1:3-6)

찬양과 감사로 사는 세상

1945년 8월 15일, 일제 강점기 35년 동안 속박의 세월을 보내던 우리 민족이 광복을 맞았습니다. 광복이라는 말의 뜻은 '빛 광'에 '되찾을 복'을 써서 '빛을 되찾다'입니다.

1948년 8월 15일 대한민국 정부가 수립되고 이듬해인 1949년 10월 1일 국경일에 관한 법률에 의해 8월 15일이 국경일로 제정이 되어 오늘날까지 '광복절'로 기념하고 있습니다.

생각해보면 광복 이전의 시대는 우리나라와 백성들에게 참 암담한 시간이었습니다. 정치, 경제, 사회 모든 면에서 희망을 찾기가 어려웠을 것입니다. 그러나 우리의 선조들은 좌절과 절망 가운데 쓰러져있지만은 않았습니다. 그들은 목숨을 걸고 나라의 독립을 위해 싸웠습니다. 우리

나라의 광복은 그러한 순국선열들의 애국과 평화의 정신 까닭에 임했다 해도 과언이 아닐 것입니다.

특별히 2019년은 임시 정부 수립 및 삼일 운동 100주년이 되는 해입니다. 1919년 3월, 일제의 폭압적인 무단 통치에 항거해 전국적으로 만세 운동이 일어났습니다. 일제의 무자비한 탄압에도 불구하고 만세 시위는 만주와 연해주, 미주 등지로 급속히 확산되어 해외 한인들도 동참하게 되었습니다.

삼일 운동은 독립에 대한 의지를 일깨운 민족적 외침이라 할 수 있습니다. 1919년 3월 1일 오후 2시, 종로 태화관에 모인 민족 대표들이 식순에 따라 이종일이 가져온 독립선언서를 읽었습니다. 이어 한용운의 연설 후 만세 삼창으로 독립선언식을 마무리했습니다.

탑골 공원에서는 수천 명의 학생과 시민들이 모여 독자적으로 독립선언식을 거행한 다음 가두시위에 나섰습니다. 삼일 운동은 그렇게 시작되었습니다. 이후 천안 아우내 장터의 만세 운동을 이끌고, 삼일 운동의 선봉에 섰던 16세의 가녀린 여학생이 있었습니다. 바로 유관순 열사입니다.

유관순 열사는 만세 운동의 주모자로 몰려 체포되었고, 3년형을 선고받고 수감 생활을 하게 됩니다. 그리고 1920년 9월 28일 형기를 3개월 남겨둔 채 18세의 꽃다운 나이로 세상을 떠나게 됩니다. 극심한 고문과 그 후유증으로 인해 목숨을 잃은 것입니다.

서대문 형무소에 수감되었던 유관순 열사는 너무나 끔찍한 일들을 겪어야 했습니다. 잔인한 고문과 성적 학대를 당해야 했습니다. 여자로서 아니, 인간으로서 감당하기 힘든 일들을 겪었습니다. 우리가 만일 그곳에 있었다면 과연 어떻게 했겠습니까? 유관순 열사처럼 끝까지 인내하며 견뎌낼 수 있었을까 장담하기 어렵습니다.

싸늘하고 피비린내 나는 옥중에서 과연 우리는 무엇을 할 수 있었을까요? 유관순 열사는 서대문 형무소 여옥사 8호실에 6인의 여성 독립운동가들(권애라, 김향화, 신관빈, 심명철, 어윤희, 임명애)과 함께 수감되어 있었습니다. 그런데 놀라운 사실은 이들이 옥중에서 함께 노래를 지어 불렀다는 것입니다.

'진중이 일곱이 진흙색 일복 입고
두 무릎 꿇고 앉아 주님께 기도할 때
접시 두 개 콩밥덩이 창문 열고 던져줄 때
피눈물로 기도했네. 피눈물로 기도했네.

대한이 살았다. 대한이 살았다.
산천이 동하고 바다가 끓는다.
에헤이 데헤이 에헤이 데헤이
대한이 살았다 대한이 살았다.'

'대한이 살았다'라는 노래를 만들어 부르며 서로를 위로하고, 옥중에서도 독립운동의 의지를 다진 것입니다. 캄캄한 어둠을 뚫고 울려 퍼지는 노래 소리는 일제 순사들의 간담을 서늘하게 했을 것이고, 그곳에 함께 수감되어 있던 사람들에게 희망과 용기를 불러 일으켰을 것입니다.

성경에도 옥중에서 노래를 부른 사람의 이야기가 기록되어 있습니다. 바로 사도 바울입니다. 감옥에 갇힌 바울은 그곳에서도 찬양을 멈추지 않았습니다.

바울의 찬양과 감사

좋은 환경에서, 풍요롭고 순탄한 상황 속에서 찬양하고 감사하는 것은 누구나 할 수 있습니다. 그러나 어려운 상황, 예상치 못한 난관 앞에서 찬양하고 감사하는 것은 쉽지 않습니다.

여러분의 이야기로 바꿔서 생각해 보십시오. 사업이 점점 어려워지고, 자녀들이 속을 썩이고, 사람들과의 관계가 깨어졌을 때 찬양할 수 있습니까? 누군가에게 질책을 받고 무시를 당해 마음이 상했을 때, 그때에도 감사할 수 있습니까? 결코 쉬운 일이 아닙니다.

그런데 바울은 감옥 속에 갇혀서도 찬양했고, 감사의 기도를 하나님 앞에 올려드렸습니다. 어떻게 그럴 수 있었을까요?

그 당시 모든 사람의 꿈은 로마에 가는 것이었습니다. 정치적인 야망을 실현하기 위해 로마를 찾았습니다. 예술혼을 꽃피우기 위해 로마를 찾았습니다. 향락을 추구하기 위해, 천하를 호령하는 장군이 되기 위해 로마를 찾았습니다.

그런가 하면 어떤 이들은 노예의 신분에서 놓임을 받기 위해 로마로 도망을 치기도 했고, 죄인의 신분으로 숨어 지내기 위해 로마를 찾기도 했습니다. 바울 역시 로마에 가길 원했습니다. 그러나 로마에 가고자 하는 바울의 목적은 다른 데 있었습니다. 그는 복음을 전하기 위해 로마에 가길 원했습니다.

바울은 세 번째 전도 여행을 마치고 안디옥으로 돌아와서 예루살렘의 흉년 소식, 기근 소식을 듣고 구휼(救恤)사역을 하기 위해 갔다가 예루살렘에서 붙잡히게 됩니다. 바울은 당시에 팔레스타인을 지배하고 있던 로마의 총독부가 있던 가이사랴에 2년 동안 수감되어야 했습니다.

바울은 자신에게 로마의 시민권이 있다고 밝히며 로마의 황제에게 가서 재판을 받게 해달라고 주장했습니다. 그 결과 바울은 죄인의 신분으로 로마에 호송되어 가게 됩니다.

바울이 로마의 감옥에 있을 때 예전에 세웠던 교회들에 편지를 써서 보냅니다. 우리는 그것을 바울의 '옥중 서신'이라 부릅니다. 신약 성경에 나오는 에베소서, 빌립보서, 골로새서, 빌레몬서 네 서신서가 바로 그것입니다. 사도 바울이 감옥에서 보낸 편지이기 때문에 붙여진 이름입니다.

옥중 서신은 네 가지의 특징이 있습니다. 첫 번째는 인사가 있고, 두 번째는 찬송과 감사가 있고, 세 번째는 바울로 말미암아 옥에서 일어나는 놀라운 복음의 역사가 기록되어 있습니다. 그리고 마지막으로 편지를 받는 교회와 개인에게 신앙의 당부를 합니다.

찬송과 감사의 기도

> "찬송하리로다 하나님 곧 우리 주 예수 그리스도의 아버지께서 그리스도 안에서 하늘에 속한 모든 신령한 복을 우리에게 주시되 곧 창세 전에 그리스도 안에서 우리를 택하사 우리로 사랑 안에서 그 앞에 거룩하고 흠이 없게 하시려고 그 기쁘신 뜻대로 우리를 예정하사 예수 그리스도로 말미암아 자기의 아들들이 되게 하셨으니 이는 그가 사랑하시는 자 안에서 우리에게 거저 주시는 바 그의 은혜의 영광을 찬송하게 하려는 것이라" (에베소서 1:6)

찬송하리로다! 바울은 하나님의 은혜를 인하여 찬송할 수밖에 없다고 고백합니다. 이어지는 내용을 보면 바울이 끊임없이 감사했던 이유도 나옵니다.

> "이로 말미암아 주 예수 안에서 너희 믿음과 모든 성도를 향한 사랑을 나도 듣고 내가 기도할 때에 기억하며 너희로 말미암아 감사하기를 그치지 아니하고" (에베소서 1:15-16)

바울은 기도할 때마다 에베소 교회를 위해서 기도했습니다. 그리고 기도할 때마다 빠뜨리지 않는 것이 있었습니다. 그것은 바로 감사였습니다. 바울은 교회 성도들의 신앙적 성숙의 소식을 듣고 늘 감사했습니다.

그러한 감사의 기도가 빌립보서와 빌레몬서, 골로새서에도 동일하게 기록되어 있습니다.

> "내가 너희를 생각할 때마다 나의 하나님께 감사하며 간구할 때마다 너희 무리를 위하여 기쁨으로 항상 간구함은 너희가 첫날부터 이제까지 복음을 위한 일에 참여하고 있기 때문이라" (빌립보서 1:3-5)

> "내가 항상 내 하나님께 감사하고 기도할 때에 너를 말함은 주 예수와 및 모든 성도에 대한 네 사랑과 믿음이 있음을 들음이니" (빌레몬서 1:4-5)

> "우리가 너희를 위하여 기도할 때마다 하나님 곧 우리 주 예수 그리스도의 아버지께 감사하노라 이는 그리스도 예수 안에 너희의 믿음과 모든 성도에 대한 사랑을 들었음이요 너희를 위하여 하늘에 쌓아 둔 소망으로 말미암음이니 곧 너희가 전에 복음 진리의 말씀을 들은 것이라 이 복음이 이미 너희에게 이르매 너희가 듣고 참으로 하나님의 은혜를 깨달은 날부터 너희 중에서와 같이 또한 온 천하에서도 열매를 맺어 자라는도다" (골로새서 1:6)

바울은 로마의 감옥에 있습니다. 여러분 혹시 감옥에 있는 사람들이 보낸 편지를 받아본 적이 있습니까? 저에겐 거의 2주에 한 번씩은 꼭 교도소에서 편지가 옵니다. 주로 방송을 통해 설교를 들은 분들이 편지를 보내옵니다. 대부분 편지가 '성경책을 좀 보내주세요.', '우리 아내가 꼭 한 번만 저를 만날 수 있게 해주세요.', '돈을 좀 보내주세요.'와 같은 내용으로 되어 있습니다.

종종 교도소에 면회를 가봅니다. 전국의 교도소, 구치소 여러 곳에 가봤습니다. 수원 구치소, 서울 구치소, 여주 교도소, 남부 구치소, 김해, 김천, 춘천 등 정말 많은 곳을 다녀봤습니다.

자신의 사연을 이야기하며 부당하다고, 억울하다고 호소하는 사람도 있습니다. 잘못을 후회하며 눈물을 흘리는 사람도 있습니다. 회개하고 나가서 바르게 살겠다고 이야기하는 사람들도 있습니다. 어떤 분들은 가족과 자녀들을 부탁하기도 하고, 이런저런 도움을 요청하기도 합니다. 자신이 빨리 출소할 수 있도록 힘 좀 써달라고 하는 사람들도 있습니다.

지금까지 찬송과 감사의 내용으로 보내온 편지는 받아본 기억이 없습니다. 면회를 하면서도 그런 고백을 들어본 적이 없습니다. 그런데 바울은 감옥에서 편지를 기록하면서 찬송과 감사의 내용을 담고 있습니다. 옥에 갇힌 몸으로, 죄수의 신분으로 고된 감옥 생활을 하면서 바울은 진정어린 찬송과 감사의 고백을 하고 있는 것입니다.

바울은 그의 편지 가운데 돈을 요구하지 않습니다. 영치품을 요구하지도 않습니다. 출소에 도움이 될 수 있도록 힘을 써달라고, 높은 권세 있는 사람들에게 이야기 좀 해달라고 하지도 않습니다.

일반적으로 감옥에서 보내는 시간은 역경의 세월이라 할 수 있습니다. 대부분의 사람들이 그곳에서 눈물과 후회의 시간을 보냅니다. 외로움과 고독을 벗 삼아 지내고, 한숨과 원망과 불평으로 절망의 구렁텅이에 빠져 지냅니다.

그런데 바울은 달랐습니다. 바울은 감옥 안에 있으면서도 기뻐하고 감사하는 삶을 살았습니다. 하나님을 찬송하며 지냈습니다. 어떻게 그럴 수 있었을까요, 도대체 바울이 드린 찬양과 감사의 고백엔 어떤 내용이 담겨져 있었던 것일까요?

하나님의 은혜에 감사

먼저 바울은 하나님의 구원 계획과 그 구원 계획의 성취 까닭에 찬송합니다.

감옥 안에 있는 대부분의 사람들에게 있어서 복음은 출소 소식일 것입니다. '당신은 이번 광복절 특사로 나가게 될 것입니다.'와 같은 소식 말입니다. 그런데 바울은 그런 것으로 기뻐하지 않았습니다. 바울은 자신이 구원받은 일, 창세 전부터 하나님께서 예비하신 놀라운 복이 자신에게 주어졌다는 것에 대해 감격하며 감사했습니다.

신학 용어로 온 우주 만물을 창조하실 때의 하나님을 'Acting GOD'이라고 합니다. 하나님은 온 우주 만물이 만들어지기 전에도 계셨습니다. 그때의 하나님을 가리켜 존재하시는 하나님이라는 의미로 'Being GOD'이라고 합니다.

하나님은 바로 그때부터 우리의 구원을 계획하셨습니다. 우리를 예정하시고, 선택하시고, 구원 계획을 세워놓으신 것입니다. 바울은 바로 그 사실로 인하여 하나님을 찬양했습니다. 그 놀라운 은혜를 자신에게 부어주신 것에 대해 감사했습니다. 그것이 바로 바울이 감옥 안에서도 기뻐할 수 있었던 이유였습니다.

우리가 정말 복음을 제대로 이해한 사람들이라면, 자기 자신이 하나님 앞에서 얼마나 무가치한 존재인가를 바르게 깨달은 사람이라면 바울과 같은 고백이 있어야 합니다.

아무런 자격도, 공로도 없는 나를 위하여 하나님께서 창세 전부터 부어주실 은혜를 예비하셨고, 예수 그리스도 안에서 그것을 성취하여 나에게 부어주셨다는 것 하나만으로도 찬송하고 감사할 수 있어야 한다는 것입니다.

> "우리는 그리스도 안에서 그의 은혜의 풍성함을 따라 그의 피로 말미암아 속량 곧 죄 사함을 받았느니라 이는 그가 모든 지혜와 총명을 우리에게 넘치게 하사 그 뜻의 비밀을 우리에게 알리신 것이요 그의 기뻐하심을 따라 그리스도 안에서 때가 찬 경륜을 위하여 예정하신 것이니 하늘

> 에 있는 것이나 땅에 있는 것이나 다 그리스도 안에서 통일되게 하려 하심이라 모든 일을 그 마음의 원대로 역사하시는 자의 뜻을 따라 우리가 예정을 입어 그 안에서 기업이 되었으니" (에베소서 1:7-9)

바울은 자신이 하나님의 기업이 되었음을 인하여 찬송하지 않을 수 없다고 말합니다. '새번역' 성경은 '그 안에서 기업이 되었으니'를 '그리스도 안에서 우리를 상속자로 삼으셨습니다.'라고 번역합니다.

우리는 예수님과 함께 공동 상속자가 된 것입니다. 세상의 기업을 물려받는 상속자가 되는 것도 엄청난 특권이거늘, 하나님 나라를 예수님과 함께 상속받는다는 것은 얼마나 놀라운 일입니까?

우리가 예수님 까닭에 그런 존재가 된 것입니다. 매일의 삶 가운데 우리의 삶에 일어난 이 놀라운 변화를 묵상하고 기억할 때, 우리는 어떤 조건과 상황 속에서도 감사할 수 있어야 마땅합니다.

인생에는 고단한 일이 많습니다. 환경이 어렵고, 경제적으로 궁핍하고, 직장에 문제가 산적하고, 가정에 어려움이 있고, 신체적인 질병과 나약함이 있습니다. 무너진 인간관계로 인한 갈등과 고민, 번민이 있습니다. 많은 오해들로 인해 억울하고 답답한 일을 겪어야 할 때도 있습니다.

그럼에도 불구하고 하나님께서 나를 구원하시기 위해 창세 전부터 계획을 세우시고, 그것이 정확히 내 삶에 이뤄져 하나님의 자녀가 된 것을 생각하며 그 기쁨으로 인해 찬송하며 감사할 수 있어야 합니다.

오늘 부족하고, 오늘 내게 없고, 오늘 이루지 못한 일로 괴로워하는 것이 아니라 온 우주 만물이 만들어지기 이전에 나 자신이 하나님의 계획 안에 있었다는 사실로 인해 기뻐하는 삶 되길 바랍니다.

복음 안에서의 교제에 감사

바울의 두 번째 감사 제목은 그리스도를 향한 성도들의 사랑과, 서로를 향한 사랑의 교제에 있었습니다.

> "이는 그리스도 예수 안에 너희의 믿음과 모든 성도에 대한 사랑을 들었음이요" (골로새서 1:4)

바울은 성도들이 예수님 안에 거하는 믿음으로 충만한 모습을 보며 기뻐했습니다. 또한 성도들이 서로 아끼고 돌보며 사랑하는 모습 까닭에 기뻐했습니다. 그것이 바울의 기쁨이요 행복이었습니다. 요한이 가이오에 보낸 편지 가운데 비슷한 내용이 등장합니다.

> "형제들이 와서 네게 있는 진리를 증언하되 네가 진리 안에서 행한다 하니 내가 심히 기뻐하노라" (요한삼서 1:3)

오늘 내가 믿음을 붙들고 사는 모습, 아무도 보지 않는 곳에서 누군가를 사랑하고 섬기는 모습은 다른 성도들에게 살아갈 힘이 됩니다. 세상을 이길 힘을 주고, 어떤 역경도 이겨낼 감사의 제목이 되기도 합니다. 그래서 우리는 공동체 안에서 힘을 얻는 것입니다.

하나님께서 묶어주신 공동체를 소중히 여기십시오. 서로의 믿음을 위해 격려하고 응원해야 합니다. 하나님께서 주신 것으로 서로를 섬기고, 내 것을 희생하여 사랑의 도구로 사용할 수 있어야 합니다. 그것이 교회입니다.

우리가 그렇게 살아갈 때, 우리의 입술에는 찬양이 떠나지 않을 것입니다. 감사가 끊어지지 않을 것입니다. 든든한 지원군, 든든한 동반자가 곁에 있다는 생각 때문입니다.

> *"내가 항상 내 하나님께 감사하고 기도할 때에 너를 말함은 주 예수와 및 모든 성도에 대한 네 사랑과 믿음이 있음을 들음이니 이로써 네 믿음의 교제가 우리 가운데 있는 선을 알게 하고 그리스도께 이르도록 역사하느니라 형제여 성도들의 마음이 너로 말미암아 평안함을 얻었으니 내가 너의 사랑으로 많은 기쁨과 위로를 받았노라"* (빌레몬서 1:4-7)

성경은 믿음의 교제가 우리 가운데 있는 선을 알게 한다고 말씀합니다. 성도 안에 있는 아름다운 교제가 누군가에게 기쁨을 주고 위로를 준다고 말씀합니다. 복음 안에서 교제가 끊어지지 않게 하십시오. 모이기를 더욱 힘쓰며 서로의 믿음을 격려하는 일에 열심을 내십시오. 서로를 돌아보며 어떻게 사랑할 수 있을까, 어떻게 섬길 수 있을까를 고민하십시오.

하늘 소망으로 인해 감사

그런가 하면 바울이 감사한 또 다른 이유를 찾아볼 수 있습니다.

> "너희를 위하여 하늘에 쌓아둔 소망을 인함이니 곧 너희가 전에 복음 진리의 말씀을 들은 것이라" (골로새서 1:5)

오늘은 힘들고 어렵지만, 오늘은 역경과 환난 가운데 있지만 하늘에 소망을 두고 살아가는 사람들은 능히 이겨낼 뿐만 아니라 오히려 감사가 넘치는 삶을 살아갈 수 있습니다.

소망하는 일이 무엇이냐에 따라 기쁨이 결정되는 법입니다. 돈을 원하는 사람은 돈이 생기면 기쁩니다. 그러나 돈이 없어지면 슬퍼집니다. 명예를 원하는 사람은 명예를 얻으면 기뻐합니다. 그러나 명예를 잃으면 슬픈 마음을 가누지 못해 목숨을 버리기도 합니다.

그런데 믿음의 사람, 복음의 사람은 무엇으로 기뻐합니까? 눈에 보이는 세상의 가치로 기뻐하지 않습니다. 환경이 어떠한가로 기쁨이 결정되지 않습니다. 보이지 않는 하늘의 소망으로 기뻐합니다.

세상의 사람은 명예를 얻으면 기뻐합니다. 지위가 높아지면 기뻐합니다. 권세를 얻으면 기뻐합니다. 부귀영화를 누리면 기뻐합니다. 건강하면 기뻐합니다.

그러나 성령의 사람은 다릅니다. 하늘의 소망을 가지고 있기 때문에 건강을 잃어도 감사할 수 있습니다. 높은 지위에 올라가지 못할 때도 감사할 수 있고, 명성을 얻지 못해도 기뻐할 수 있습니다.

외적인 요소에 상관없이 즐거워하며 찬송할 수 있는 사람, 어떤 상황 속에서도 감사를 먼저 고백할 수 있는 사람, 그가 바로 참 믿음의 사람이요 성령의 사람이라 할 수 있습니다.

여러분에게는 하늘의 소망이 있습니까? 무엇을 바라고 원하는 삶을 살고 있습니까? 돈에 소망을 두고 있는 것은 아닙니까, 명예에 소망을 두고 있는 것은 아닙니까, 권세에 소망을 두고 있는 것은 아닙니까? 그런 것들이 없이 세상을 살 수 없다는 불안감에 사로잡혀 있다면 우리는 여전히 이 땅에 소망을 두고 사는 사람일 것입니다.

하늘에 소망을 두고 사십시오. 하늘 소망으로 사는 사람은 오늘의 환경에 좌우되지 않습니다. 조건부로 감사를 고백하는 것이 아니라 매일의 삶 모든 순간에 감사를 고백하게 됩니다.

많이 배워야 감사할 수 있는 게 아닙니다. 지식은 많이 가지고 있지만 불평하고 원망하며 살아가는 사람들이 얼마나 많은지 모릅니다. 높은 자리에 올라가야 감사할 수 있는 게 아닙니다. 높은 자리에 있는 사람들이 서로 시기하며 더 많이 싸웁니다.

부자가 되어야 감사할 수 있습니까? 좋은 대학에 가야 감사할 수 있습니까? 고급차를 타야, 좋은 집에 살아야 감사합니까? 아닙니다. 좋은 집에 살면서도 지지고 볶고 사는 사람이 있고 오두막에 살아도 행복하게 감사하며 사는 사람이 있습니다. 많이 배우지 못했어도 감사할 수 있습니다.

환경에 상관없이, 학력에 상관없이, 지위고하에 상관없이, 소유에 상관없이 감사할 수 있습니다. 세상 그 어느 누구라도 구원 받아 하나님의 사랑을 경험하고, 하나님의 자녀가 된 권세를 알면 감사하고 기뻐하는 삶을 살 수 있습니다.

세상 사람들처럼 물질이나 지식이나 권세의 많고 적음을 서로 비교하며 살면 감사할 수 없습니다. 세상이 정해놓은 기준에 맞추며 살려고 하면 절대로 감사할 수 없습니다. 수많은 감사의 조건을 두고도 한두 가지 부족한 것 때문에 감사를 잃어버리는 사람이 되지 마십시오.

저희 어머니가 자주 하시던 말씀 중에 이런 말씀이 있습니다. "솥 타면 엿 사먹고 밥 타면 누룽지 먹지 뭐가 걱정이냐?" 긍정적인 사람은 어떤 상황에도 긍정적이고 감사합니다. 반면에 부정적인 사람은 어떤 경우에도 불평과 불만의 조건을 찾습니다.

찬송과 감사를 잃어버리면 넓은 집에 살면서도 자기 집보다 방 한 칸 더 많은 사람을 보며 불평하는 사람이 될 수도 있습니다. 매번 1등 하다가 한번 2등 했다고 목숨을 끊는 어리석은 인생이 될 수도 있습니다. 언제나 환경에 상관없이 감사하는 삶, 하나님의 은혜를 찬송하는 삶을 살아가시길 바랍니다.

옥중에서 찬송하는 바울의 모습을 떠올려 보십시오. 한없이 감사하는 그의 기쁨의 노래가 귓가에 들려오는 것 같지 않으십니까? 그의 찬송과 감사가 오늘 우리의 삶과 가정, 직장과 범사 위에 가득하길 바랍니다.

'찬양과 감사로 사는 세상'에 대해 생각해보기

01. 절벽 끝에 선 것과 같은 상황을 만난 적이 있습니까, 그때 어떤 생각이 들었습니까?

02. 바울의 옥중 서신은 어떤 책입니까, 옥중 서신의 특징을 이야기 해보세요.

03. 바울이 옥중 서신에 담긴 찬양과 감사의 내용은 무엇입니까?

04. 어떻게 하면 고난 중에도 찬양하고 감사하는 삶을 살 수 있을지 나눠보세요.

* 암송 구절 – 골로새서 1:5

chapter 11

사명으로
사는 세상

"내가 달려갈 길과 주 예수께 받은 사명 곧 하나님의 은혜의 복음을 증언하는 일을 마치려 함에는 나의 생명조차 조금도 귀한 것으로 여기지 아니하노라" (사도행전 20:24)

사명으로 사는 세상

사도행전에는 3차에 걸친 바울의 전도 여행과 재판을 받기 위해 로마로 압송되어 가는 여행까지 총 네 번의 여행 이야기가 담겨져 있습니다. 사도행전 13-14장은 바울의 1차 전도 여행, 15장 35절부터 18장 22절까지는 2차 전도 여행, 18장 23절부터 21장까지는 3차 전도 여행에 관한 내용이 나옵니다.

바울의 마지막 여행은 사도행전 27장과 28장에 기록되어 있습니다. 바울이 로마 황제에게 재판 받기를 청하여 로마로 압송되어 가는 이야기입니다. 바울이 로마에 가서도 복음을 전하였기 때문에 일반적으로 4차 전도 여행이라고 부릅니다.

사도행전 20장은 3차 전도 여행의 마지막 부분에 해당합니다. 3년 동안 사역하였던 에베소 교회의 장로들을 청하여 마지막 고별 예배를 드리고, 그들을 향해 권면하는 메시지가 담겨져 있습니다.

바울은 전도 여행 시 어떤 곳에서는 짧게는 하루 이틀을 보내고, 어떤 곳에서는 일주일에서 몇 주간을 보내기도 했습니다. 그런데 에베소에서는 무려 3년이라는 긴 시간을 보냈습니다. 바울이 에베소에서 보낸 3년 동안 큰 역사들이 많이 일어났습니다.

첫 번째 사건이 19장 초반부에 나옵니다.

> "아볼로가 고린도에 있을 때에 바울이 윗지방으로 다녀 에베소에 와서 어떤 제자들을 만나 이르되 너희가 믿을 때에 성령을 받았느냐 이르되 아니라 우리는 성령이 계심도 듣지 못하였노라 바울이 이르되 그러면 너희가 무슨 세례를 받았느냐 대답하되 요한의 세례니라 바울이 이르되 요한이 회개의 세례를 베풀며 백성에게 말하되 내 뒤에 오시는 이를 믿으라 하였으니 이는 곧 예수라 하거늘 그들이 듣고 주 예수의 이름으로 세례를 받으니 바울이 그들에게 안수하매 성령이 그들에게 임하시므로 방언도 하고 예언도 하니 모두 열두 사람쯤 되니라" (사도행전 19:1-7)

바울이 성령을 경험하지 못한 에베소 교인들에게 말씀을 전하고 안수했습니다. 그러자 약 열두 명의 사람들이 성령을 받아 예언도 하고, 방언도 하는 놀라운 기적이 일어났습니다.

바울은 3개월 동안 회당에서 하나님 나라에 관하여 강론했습니다. 말씀에 대한 반응이 나뉘어 어떤 사람은 말씀을 받아들였지만, 그렇지 않은 사람들은 바울을 배척했습니다. 그러나 바울은 이에 굴하지 않고 장소를 옮겨 날마다 강론을 했습니다. 그곳이 바로 유명한 두란노 서원입니다.

바울은 그곳에서 2년 동안 말씀을 가르쳤습니다. 성경은 아시아에 사는 자나 유대인이나 헬라인이나 다 주의 말씀을 들었다고 말씀합니다. 그뿐이 아닙니다. 하나님께서 바울의 손으로 놀라운 능력을 행하게 하셨습니다. 바울의 손수건이나 앞치마를 가져다가 얹으면 병이 고침을 받고 귀신이 떠나가는 역사가 나타났습니다.

또한 에베소에서는 마술을 행하던 자들도 쓰던 책을 모두 모아다가 불태우는 역사도 일어났습니다. 그 값이 은 오만이나 되었다고 나오는데, 노예 1,700명 정도를 살 수 있는 엄청난 금액을 태워버린 것입니다. 마치 베드로와 안드레, 그리고 야고보와 요한이 자신의 그물과 배를 버려두고 예수님을 좇은 것과 같은 놀라운 기적이 일어난 것입니다.

이것이 왜 기적입니까? 여러분은 나와 가족이 먹고 사는 수단이 하나님의 뜻에 맞지 않는다고 할 때, 그것을 과감하게 버리고 예수님을 따라나설 수 있으십니까? 에베소의 마술사들은 그런 결단을 보여준 것입니다. 말로만 예수님을 믿는다고 한 것이 아니라, 목숨을 걸고 예수님을 믿는 자들이 된 것입니다. 에베소는 주의 말씀의 힘 있고 흥왕한 역사로 충만했습니다.

바울의 고별 설교

바울이 에베소를 떠나면서, 에베소 교회 장로들을 청하여 마지막 고별 인사를 전했습니다.

> "바울이 밀레도에서 사람을 에베소로 보내어 교회 장로들을 청하니 오매 그들에게 말하되 아시아에 들어온 첫날부터 지금까지 내가 항상 여러분 가운데서 어떻게 행하였는지를 여러분도 아는 바니 곧 모든 겸손과 눈물이며 유대인의 간계로 말미암아 당한 시험을 참고 주를 섬긴 것과 유익한 것은 무엇이든지 공중 앞에서나 각 집에서나 거리낌이 없이 여러분에게 전하여 가르치고 유대인과 헬라인들에게 하나님께 대한 회개와 우리 주 예수 그리스도께 대한 믿음을 증언한 것이라 보라 이제 나는 성령에 매여 예루살렘으로 가는데 거기서 무슨 일을 당할지 알지 못하노라 오직 성령이 각 성에서 내게 증언하여 결박과 환난이 나를 기다린다 하시나 내가 달려갈 길과 주 예수께 받은 사명 곧 하나님의 은혜의 복음을 증언하는 일을 마치려 함에는 나의 생명조차 조금도 귀한 것으로 여기지 아니하노라 보라 내가 여러분 중에 왕래하며 하나님의 나라를 전파하였으나 이제는 여러분이 다 내 얼굴을 다시 보지 못할 줄 아노라" (사도행전 20:17-25)

사도행전에 보면 바울이 복음을 전하는 장면이 많이 등장합니다. 바울의 설교가 등장하는 본문이 여덟 군데나 되는데, 가장 먼저 사도행전 13장에 비시디아 안디옥에서 복음을 전하는 장면이 있습니다. 그리고 14장에 루스드라에서, 17장에 아덴에서, 22장에 예루살렘에서 복음을 전하는 장면이 이어집니다. 그리고 23장에는 산헤드린 공회 앞에서, 24장에서는 총독 베스도 앞에서, 그리고 마지막으로 26장에는 당시 이스라엘을 다스리던 아그립바 왕에게 복음을 전하는 장면이 나옵니다.

그 외에도 바울은 가는 곳마다 말씀을 가르치고 강론했습니다. 바울의 설교에서 찾을 수 있는 특징, 대부분 믿지 않는 사람들에게 행했다는 점입니다. 그런데 밀레도 항구에서 에베소 교회의 장로들에게 전한 설교는 믿음의 사람들에게 한 설교입니다.

바울은 에베소 교회의 장로들에게 자신이 목회자로서 어떤 삶을 살았는지를 전합니다. 물론 바울의 목회 서신이라 불리는 디모데전·후서와 디도서를 통해서도 목회에 대한 가르침을 살펴볼 수 있습니다. 그런데 사도행전 20장에 나오는 장면은 바울이 복음을 어떻게 전했고, 어떻게 목회를 했는지를 더욱 선명하게 보여줍니다. 그가 복음 전도의 사명을 어떤 마음과 태도로 감당했는지를 잘 살펴볼 수 있습니다.

목회자 바울

> "바울이 밀레도에서 사람을 에베소로 보내어 교회 장로들을 청하니 오매 그들에게 말하되 아시아에 들어온 첫날부터 지금까지 내가 항상 여러분 가운데서 어떻게 행하였는지를 여러분도 아는 바니" (사도행전 20:17-18)

바울의 청으로 에베소 교회의 장로들이 바울을 만나기 위해 왔습니다. 그들을 향해 바울이 "내가 아시아에 들어 온 첫날부터 지금 떠나는 이 시간까지 지나간 3년 동안 너희에게 무엇을 어떻게 했는지 너희가 잘 안다"고 말합니다. 바울은 성도들 앞에서 자신을 투명하게 드러냈습니다. 그 누구 앞에서도 숨길 것 없이 부끄럼 없는 삶을 살았습니다.

> "곧 모든 겸손과 눈물이며 유대인의 간계로 말미암아 당한 시험을 참고 주를 섬긴 것과 유익한 것은 무엇이든지 공중 앞에서나 각 집에서나 거리낌이 없이 여러분에게 전하여 가르치고" (사도행전 20:19-20)

에베소에서 보낸 3년 간 바울은 모든 겸손과 눈물로 교회를 섬겼습니다. '모든 겸손'이라는 말이 영어 성경에는 'Great humility'라고 되어 있습니다. '큰 겸손' 즉 그 어떤 낮은 자도 자신보다는 더 나은 사람으로 여겼다는 것입니다. 바울은 그런 태도로 복음을 전했습니다.

뿐만 아니라 바울의 목회에는 눈물이 있었습니다. 그의 사역은 눈물로 이루어져 있습니다. 눈물은 진정성을 의미합니다. 성도들을 대하는 바울의 마음엔 언제나 진심이 담겨져 있었습니다. 그들의 영혼과 삶을 대할 때 늘 눈물어린 시선으로 바라보았고, 눈물로 권면했고, 눈물로 기도했습니다.

'목회는 눈물로 한다.'는 말이 있습니다. 맞습니다. 이것이 오늘날 목회자들, 그리고 교회의 리더들이 회복해야 할 목양의 기본이요 정수입니다. 눈물이 없이 양떼를 돌볼 수 없습니다. 화려한 기술과 다양한 목회

방법론이 쏟아져 나오고 있지만 소용없는 일입니다. 가장 중요한 것은 눈물입니다. 성도들을 바라보는 목회자의 눈물, 그것이 없이는 사람의 영혼을 얻을 수 없습니다.

이어서 바울은 '유대인의 간계'에 대해 말합니다. '간계'는 다른 말로 바꾸면 '음모'입니다. 바울은 자신을 죽이고자 하는 음모 속에서도 참고 주를 섬겼다고 말합니다. 바울 주변에는 늘 위험이 도사리고 있었습니다. 바울을 죽이고자 하는 결사대도 있었습니다. 40명으로 이루어진 그들은 바울을 죽이기 전에는 먹지도 않고 마시지도 않겠다고 할 정도였습니다.

> "그들이 그리스도의 일꾼이냐 정신 없는 말을 하거니와 나는 더욱 그러하도다 내가 수고를 넘치도록 하고 옥에 갇히기도 더 많이 하고 매도 수없이 맞고 여러 번 죽을 뻔하였으니 유대인들에게 사십에서 하나 감한 매를 다섯 번 맞았으며 세 번 태장으로 맞고 한 번 돌로 맞고 세 번 파선하고 일 주야를 깊은 바다에서 지냈으며 여러 번 여행하면서 강의 위험과 강도의 위험과 동족의 위험과 이방인의 위험과 시내의 위험과 광야의 위험과 바다의 위험과 거짓 형제 중의 위험을 당하고 또 수고하며 애쓰고 여러 번 자지 못하고 주리며 목마르고 여러 번 굶고 춥고 헐벗었노라" (고린도후서 11:23-27)

바울은 목숨을 잃을뻔한 일이 한두 번이 아니었습니다. 많은 위험을 감수해야 했습니다. 그러나 그는 인내하며 복음을 전했습니다. 오늘날 과연 바울처럼 복음을 전할 수 있는 사람이 얼마나 될지 모르겠습니다. 교회는 더 커지고 사회적인 영향력도 행사하고 있지만, 바울처럼 복음에 헌신된 일꾼은 찾아보기 힘든 시대가 되었습니다.

많은 성도들이 조금만 어려워져도, 조금만 힘들어져도 신앙에 회의를 느끼곤 합니다. 손해를 보거나 오해를 받으면 시험이 들곤 합니다. 그러나 하나님 나라에는 어떤 위험과 박해, 오해와 조롱 앞에서도 인내하며 자신이 해야 할 일을 감당하는 사람이 필요합니다. 바울처럼 인내하는 성령의 사람이 절실히 필요합니다.

또한 바울은 '유익한 것은 무엇이든지 공중 앞에서나 각 집에서나 거리낌이 없이 전하였다'라고 이야기합니다. 사람들의 영혼을 살리고, 삶을 바로 세울 수 있는 일이라면 무엇이든 했다는 것입니다. 사람들이 공적으로 모이는 장소뿐만 아니라, 각 성도들의 집을 방문하며(from house to house) 그들의 영혼의 유익을 위해 일했다는 것입니다.

또한 바울은 인종을 가리지 않고 복음을 전했습니다.

> "유대인과 헬라인들에게 하나님께 대한 회개와 우리 주 예수 그리스도께 대한 믿음을 증언한 것이라" (사도행전 20:21)

당시 유대인들이 가지고 있던 선민의식은 굉장했습니다. 자신들만이 하나님께 택함 받은 민족이라고 생각했기 때문에 다른 민족은 업신여겼습니다. 바울도 유대인이었습니다. 그런데 바울은 문화와 관습, 그릇된 사상의 장벽을 뛰어넘어 편견 없이 모든 민족에게 복음을 전했습니다.

간혹 성도들 중에, 자신의 생각과 조금만 다른 생각을 가지면 선을 긋고 그를 쳐다보지도 않는 사람들이 있습니다. 고향이 어딘지, 학교는 어디 나왔는지 출신을 따지며 골라서 교제하기도 합니다.

성령의 사람은 어떤 사람입니까? 누군가를 차별하고 편견의 눈으로 바라보는 사람은 결코 성령의 사람일 수 없습니다. 세상의 관습과 자신의 경험에 얽매여 있는 사람도 성령의 사람이 아닙니다. 성령의 사람은 그리스도의 사랑과 복음의 능력으로 모든 사람을 수용합니다.

수용의 기준

그렇지만 모든 사람을 차별과 편견 없이 대해야 한다는 것이 무조건적 수용을 의미하는 것은 아닙니다. 죄에 대하여서는 명확하게 죄라고 말할 수 있어야 합니다. 교회는 죄인을 의인으로 변화시키는 곳이지, 죄를 가지고 그대로 살도록 내버려두는 곳이 아니기 때문입니다.

최근 한국 사회에 이슈가 되고 있는 동성애 같은 경우가 그렇습니다. 세상 사람들은 교회가 동성애자들을 미워하고 차별한다고 말합니다. 그렇지 않습니다. 교회는 동성애자들을 미워하는 것이 아니라, 동성애라는 죄를 미워하는 것입니다.

남자와 여자가 만나 결혼을 하여 가정을 이루고, 참된 사랑을 누리는 것이 하나님께서 지으신 창조의 원리입니다. 동성애는 그것을 거부합니다. 결국 그것은 하나님을 대항하는 죄의 발로이며, 그 끝은 참혹하고 비참할 뿐입니다.

이미 여러 연구를 통하여 동성애자들은 심각한 병에 노출될 수밖에 없다는 것이 증명되었습니다. 그 인생의 말로가 비참하다는 것이 통계적으로도 밝혀졌습니다. 그럼에도 불구하고 하나님의 형상대로 지음 받은 인간이 하나님을 대적하여 비참한 인생을 살고 있는 죄, 바로 그 죄를 미워하는 것입니다.

이단들을 향해서도 마찬가지입니다. 그들을 미워하는 것이 아니라, 그들이 하나님을 바로 믿지 못하게 하는 악한 세력을 미워하는 것입니다. 하나님을 향해 좌로나 우로나 치우치지 말고 바르게 가야 하는데, 이단 사상은 그것을 방해합니다. 그리스도만 영광을 받으셔야 하는데, 인간인 교주가 그것을 가로챕니다. 그들도 돌아와야 할 사람들입니다. 복음이 필요한 자들입니다.

우리가 구원받아 하나님의 자녀가 된 것처럼, 동성애자들도 구원받아 하나님의 자녀가 되어야 합니다. 잘못된 이단 사상에 빠진 자들도 돌아와야 합니다. 그 누구도 예외는 없습니다. 모두 하나님의 사랑을 받으며 살아야 할 존재들입니다. 그렇기에 우리는 누구에게도 편견 없이 다가가 복음 안에 담긴 따뜻한 하나님의 사랑을 전해야 하는 것입니다.

성령에 매여 가는 길

> "보라 이제 나는 성령에 매여 예루살렘으로 가는데 거기서 무슨 일을 당할는지 알지 못하노라" (사도행전 20:22)

'심령에 매임을 받았다'는 말이 영어 성경으로는 'compelled by the Spirit'입니다. 'Spirit'은 성령을 의미합니다. 바울은 성령에 이끌려, 성령으로 충만하여 예루살렘으로 간다고 이야기하는 것입니다. 25절에 보면 바울은 분명히 예루살렘에 가면 결박과 환난이 기다린다는 것을 알았습니다. 그럼에도 불구하고 그는 성령에 이끌려 예루살렘으로 향했습니다.

여러분은 과연 무엇에 이끌려 살고 있습니까? 누가 자신의 삶을 이끌고 가는지 돌아봐야 합니다. 무엇이 내 삶을 지배하고 있고, 내 행동 양식을 결정짓게 하는지 생각해 봐야 합니다. 그것이 욕망은 아닌지, 이기적인 생각은 아닌지, 세속적인 가치는 아닌지 점검해 보시길 바랍니다. 성령의 사람은 성령의 이끌림을 받아야 합니다.

요한복음 21장에 보면 예수님께서 부활하시고 디베랴 바닷가에서 베드로를 만나주시는 장면이 나옵니다.

> "내가 진실로 진실로 네게 이르노니 네가 젊어서는 스스로 띠 띠고 원하는 곳으로 다녔거니와 늙어서는 네 팔을 벌리리니 남이 네게 띠 띠우고 원하지 아니하는 곳으로 데려가리라" (요한복음 21:18)

예수님은 베드로에게 '젊어서는 스스로 띠를 띠고 원하는 곳으로 다녔지만, 늙어서는 남이 네게 띠 띠우고 원하지 아니하는 곳으로 데려갈 것이다'라고 말씀하셨습니다. 이것은 성령이 띠로 매어 끌고 간다는 의미입니다. 베드로가 성령에 이끌려 살게 될 것이라고 말씀하신 것입니다.

하나님의 사람들은 반드시 성령에 매인 삶, 성령께서 인도하시는 삶을 살게 되어 있습니다. 물론 예수님을 믿고 영접하는 순간부터 바로 자신의 뜻을 다 내려놓고 온전히 하나님의 뜻에만 순종하는 것은 아닙니다. 성도로서 이 세상을 살아가는 동안 수많은 사람들을 만나고, 여러 가지 일들을 겪으며 하나님의 뜻에만 온전히 순종하는 사람이 되어 가는 것입니다.

그것이 곧 성화입니다. 구원받은 성도는 자신의 의와 경험과 지혜로 살아가던 삶에서 성령께 자신의 지경의 많은 부분을 내어드리는 삶으로 바뀌게 되어 있습니다. 결국 온전히 성령께 이끌려 살게 되는 데까지 우리는 자라나야 하는 것입니다.

성령에 이끌리는 삶을 살 때 좋은 일만 만나는 것이 아닙니다. 때로는 고난을 만나기도 하고, 모진 아픔을 겪기도 합니다. 그러나 그럼에도 불구하고 성령의 인도함을 받으며 살아야 합니다. 바울은 평생을 그렇게 살았습니다. 특별히 그는 예루살렘에 가면 그곳에서 어떤 고난을 겪을지 잘 알고 있었습니다. 그러나 그는 성령께 이끌려 간다고 고백합니다.

예수님께서 침례 요한에게 침례를 받으시고 성령에 이끌리어 가신 곳은 광야였습니다. 성령은 예수님을 메마르고 황량한 곳으로 인도하셨고, 그곳에서 예수님은 마귀에게 시험을 받으셨습니다.

엘리야는 하나님의 음성을 듣고 그릿 시냇가로 갔는데, 시내가 말라 마실 물도 없고 먹을 것도 없었습니다. 그는 성령에 이끌려 사렙다로 갔습니다. 그런데 그곳에서 만난 것은 부자도 권세자도 아니었습니다. 마지막 남은 밀가루와 기름으로 떡을 만들어 먹고 죽으려 했던 과부와 그녀의 독자를 만났습니다.

하나님께서 우리를 인도하시고자 하는 길은 우리 생각과 완전히 다를 수 있습니다. 하나님의 인도하심을 받는다고 꼭 좋은 직장, 높은 직위, 큰 명성을 얻는 것이 아닙니다. 고난과 역경의 길도 하나님의 인도하심일 수 있습니다.

그렇기 때문에 눈에 보이는 환경과 조건으로 하나님의 길인지 아닌지를 판단하지 말아야 합니다. 예수님만 바라보고 가면 됩니다. 예수님이 가신 길이면 바른 길입니다. 예수님은 가장 낮고 천한 마구간으로 오셨습니다. 그리고 섬김의 삶을 사시다가 하나님의 뜻에 전적으로 순종하는 십자가의 길로 가셨습니다.

사람은 누구나 높아지는 자리, 부유해지는 자리, 더 큰 명성과 인기를 얻는 자리로 가고 싶어 합니다. 대부분의 사람들은 자신의 욕망과 야망에 이끌려 그리로 가려고 몸부림칩니다. 그러나 사명이 있는 자는 다릅니다. 성령의 인도하심을 받습니다. 성령에 매여서 예수님이 가신 길로만

갑니다.

포기하지 말고 사명의 길을 가라

> "내가 달려갈 길과 주 예수께 받은 사명 곧 하나님의 은혜의 복음을 증언하는 일을 마치려 함에는 나의 생명조차 조금도 귀한 것으로 여기지 아니하노라" (사도행전 20:24)

바울의 고백을 보십시오. '환난과 핍박이 기다리지만, 그 길은 내가 가야 할 길이다. 그것이 나의 사명이다.'라고 말합니다. 사명을 이루기 위해서 목숨도 아깝지 않다고 단호하게 나아갑니다.

바울은 도망치지 않았습니다. 피해가지 않았습니다. 많은 사람들이 어려움을 만나면 피해서 가려고 합니다. 그럴듯한 변명을 대며 포기하기도 합니다. 사명자는 그렇지 않습니다. 그 길을 단호하게 걸어갑니다. 그것이 하나님께서 주신 사명이기 때문입니다.

바울의 사명은 하나님의 은혜의 복음을 전하는 것이었습니다. 그것은 바울의 사명인 동시에 오늘 이 시대를 살고 있는 교회의 사명이기도 합니다. 교회가 해야 할 일은 은혜의 복음을 전해 죽어가는 영혼을 구원하는 일입니다. 또 구원받은 자들이 예수님을 닮아가게 하는 일입니다.

아직 가족이나 친척 중에 구원받지 못한 분들이 있지는 않습니까? 주변 이웃들 중에 예수님을 알지 못하는 사람들이 있지는 않습니까? 부지런히 찾아 복음을 전해 그들을 구원하는 일을 감당하십시오. 불편한 상황을 맞아야 하고, 껄끄러운 이야기를 들어야 할지도 모르겠습니다. 그러나 바울의 고백처럼 은혜의 복음을 전하기 위해 자신의 목숨도 버릴 수 있다는 각오가 있다면, 능히 그 일을 감당할 수 있을 것입니다.

주님이 오실 때까지 귀한 사명을 감당하다가 그분 앞에 섰을 때 잘 했다 칭찬받는 복된 삶을 사시길 바랍니다.

'사명으로 사는 세상'에 대해 생각해보기

01. 사명을 위해 아픔을 감수해야 했던 적이 있다면 언제입니까? 경험을 나눠보세요.

02. 사도행전 20장에 나오는 바울의 고별 설교에는 어떤 특징이 있습니까?

03. 바울은 어떤 태도로 목회를 했습니까?

04. 목숨을 걸고 완수해야 할 사명이 있습니까?

* 암송 구절 – 사도행전 20:24

chapter 12

일사각오로
사는 세상

"우리가 그 말을 듣고 그 곳 사람들과 더불어 바울에게 예루살렘으로 올라가지 말라 권하니 바울이 대답하되 여러분이 어찌하여 울어 내 마음을 상하게 하느냐 나는 주 예수의 이름을 위하여 결박당할 뿐 아니라 예루살렘에서 죽을 것도 각오하였노라 하니 그가 권함을 받지 아니하므로 우리가 주의 뜻대로 이루어지이다 하고 그쳤노라" (사도행전 21:12-14)

일사각오로 사는 세상

앨버트 하버드가 쓴 『가르시아 장군과 로완 중위』라는 책이 있습니다. 이 책의 부제는 '비즈니스와 인생의 제1원칙에 관한 보고서'입니다.

48쪽 밖에 되지 않는 소책자이지만 러일 전쟁 때 러시아 병사들이 군용 배낭에 넣고 다니며 읽었고, 이 책을 입수한 일본군도 번역하여 전군에 배포했을 정도로 유명한 책입니다. 그리고 지나간 15년간 무려 4,000만 부가 팔렸을 정도로 전 세계의 직장인과 경영자들에게도 인기가 있는 책입니다.

이 책에 등장하는 가르시아 장군은 쿠바의 밀림에서 게릴라전을 벌이고 있는 반군 지도자입니다. 가르시아 장군의 거처는 항상 유동적이었기에 그가 어디에 있는지 쿠바 정부군은 물론 반군들도 파악하기가 어려웠습니다. 가르시아 장군 자신조차 자기가 언제 어디에 거처하게 될지 알 수 없는 상황인 탓도 있습니다.

그런 상황 중에 로완 중위는 사령관으로부터 '미국 매킨리 대통령의 친서를 가르시아 장군에게 직접 전하고 돌아오라!'는 명령을 받게 됩니다. 로완 중위는 한밤중에 쿠바 해안에 상륙하여 밀림 속으로 들어갔습니다. 적군이 들끓는 밀림을 지나, 강의 위험, 식량의 위험, 질병의 위험, 맹수의 위험, 해충의 위험 등을 겪고 마침내 가르시아 장군을 직접 대면하게 됩니다.

로완 중위는 가르시아 장군에게 '대통령의 친서'를 전하고 서명을 받았습니다. 그리고 다시 되돌아 밀림을 통과하여 미국으로 돌아옵니다. 사령관에게 가르시아 장군의 서명이 있는 대통령의 친서를 전달하며 임무 완수를 보고했습니다.

이것이 이 책이 담고 있는 내용의 전부입니다. 매우 단순해 보입니다. 그러나 이 책이 전하는 메시지는 매우 강력합니다.

사령관으로부터 명령을 받은 직후부터 로완 중위는 모든 문제를 스스로 해결하고 극복하여 마침내 임무를 완수하고 돌아왔다는 것입니다. 저자는 로완 중위의 모습을 통해 그 어느 시대든, 어떤 일을 하든, 가장 중요한 것은 그 일을 대하는 사람의 태도라는 것을 강조하고 있습니다.

주어진 임무에 대한 책임감과 충성심이 중요하다는 것입니다. 하늘이 무너지고 내 몸이 두 쪽 난다고 하더라도 맡은 바 임무를 완수하겠다는 태도가 필요하다는 것입니다. 출중한 실력과 타고난 재능, 현명한 지혜도 중요하지만 무엇보다 중요한 것은 일을 대하는 태도(attitude)라고 강조합니다.

일사각오의 태도

성령의 사람이라면 마땅히 가져야 할 신앙의 자세, 태도는 무엇입니까? 저는 한 마디로 '일사각오(一死覺悟)'의 자세가 아닐까 생각합니다. 죽기를 각오한 태도로 임해야 한다는 것입니다.

오늘날 한국 교회 성도들은 신앙생활 하는데 별 어려움이 없습니다. 예수를 믿는다는 이유로 목숨을 위협받는 일도 없고, 큰 핍박을 당하지도 않습니다. 좋은 환경 가운데 신앙의 자유를 누리고 있습니다. 마음대로 예배드리고, 기도하고, 말씀을 볼 수 있습니다.

그렇기 때문에 '일사각오'의 신앙생활이 별로 와 닿지 않을지도 모르겠습니다. 그러나 상황과 환경이 어떠하든지 우리의 신앙 태도는 반드시 '일사각오'의 모습이 있어야 합니다.

"한 번 죽는 것은 사람에게 정해진 것이요 그 후에는 심판이 있으리니"
(히브리서 10:27)

죽음을 피할 수 있는 사람은 아무도 없습니다. 영웅도, 호걸도, 위인도 예외일 수 없습니다. 배운 사람과 못 배운 사람, 부유한 자나 가난한 자, 높은 지위에 있는 자나 그렇지 못한 자나 모두 마찬가지입니다. 누구나 한 번은 죽음의 순간을 맞이해야 합니다.

중요한 것은 어떻게 살다가 죽느냐 하는 것입니다. 무엇을 위해 살다가 죽느냐, 무엇을 위하여 삶을 드리는가, 그것이 얼마나 중요한 문제인지 모릅니다. 여러분은 무엇을 위하여 살고 있습니까? 과연 여러분에게는 목숨을 걸고라도 반드시 해내야 할 일이 있습니까?

> "예수께서 나아와 말씀하여 이르시되 하늘과 땅의 모든 권세를 내게 주셨으니 그러므로 너희는 가서 모든 민족을 제자로 삼아 아버지와 아들과 성령의 이름을 침례를 베풀고 내가 너희에게 분부한 모든 것을 가르쳐 지키게 하라 볼지어다 내가 세상 끝날까지 너희와 항상 함께 있으리라 하시니라" (마태복음 28:18-20)

예수님의 지상 명령으로 잘 알려진 구절입니다. 모든 그리스도인들이 반드시 완수해야 할 임무라고 할 수 있습니다. 그것이 무엇입니까? 세상을 향하여 예수 그리스도의 복음을 전하고 영혼을 구원하는 일입니다.

그 명령을 완수하기 위하여 어떤 각오와 자세로 살아야 하겠습니까? 일사각오의 태도가 필요합니다. 복음을 전하여 영혼을 구원하는 일에 나의 모든 것을 바치겠다는 비장한 마음과 삶의 태도가 없으면 주님이 주신 임무를 완수해 낼 수 없습니다.

바울의 일사각오

사도행전 21장은 에베소를 배경으로 하고 있습니다. 에베소는 바울의 여러 선교지 가운데 그가 가장 오랜 시간을 보냈던 곳입니다. 3년을 그곳에서 보냈습니다. 두 번째로 긴 시간을 보낸 곳은 고린도입니다. 1년 6개월을 보냈습니다. 마케도니아에서는 3주일을 보냈고, 어떤 곳은 1주일, 또 다른 곳에서는 하루만 머물기도 했습니다.

바울은 가장 긴 시간을 보냈던 에베소에서 그곳에 세운 교회의 장로들을 밀레도 항구로 초대합니다. 그리고 마지막 고별 메시지를 전합니다.

> "보라 이제 나는 성령에 매여 예루살렘으로 가는데 거기서 무슨 일을 당할는지 알지 못하노라 오직 성령이 각 성에서 내게 증언하여 결박과 환난이 나를 기다린다 하시나" (사도행전 20:22-23)

'개역한글' 번역본에는 '성령에 매여' 부분이 '심령에 매임을 받아'로 되어 있습니다. 자꾸 예루살렘으로 가고자 하는 마음을 지울 수 없다는 것입니다. 무슨 일을 만날지 모르지만 그럼에도 불구하고 예루살렘으로 가지 않으면 안 되는 강한 이끌림이 바울 안에 있었습니다.

성령께서 바울에게 알려주셨습니다. 예루살렘 어느 도시에서든 투옥과 환난이 그를 기다리고 있다는 것을 말입니다. 그런데도 바울은 이야기합니다.

> "내가 달려갈 길과 주 예수께 받은 사명 곧 하나님의 은혜의 복음을 증언하는 일을 마치려 함에는 나의 생명조차 조금도 귀한 것으로 여기지 아니하노라 보라 내가 여러분 중에 왕래하며 하나님의 나라를 전파하였으나 이제는 여러분이 다 내 얼굴을 다시 보지 못할 줄 아노라" (사도행전 20:24-25)

바울은 예루살렘에 가면 다시는 에베소 교인들을 보지 못할 수도 있다는 것을 알고 있었습니다. 그러나 예루살렘을 피하고 싶지 않다고, 결박과 환란이 자신을 기다려도 반드시 가야만 한다고 일사각오의 심정으로 이야기합니다. 그리고 바울과 에베소 교인들의 눈물을 머금은 작별의 이야기가 이어집니다.

> "이 말을 한 후 무릎을 꿇고 그 모든 사람들과 함께 기도하니 다 크게 울며 바울의 목을 안고 입을 맞추고 다시 그 얼굴을 보지 못하리라 한 말로 말미암아 더욱 근심하고 배에까지 그를 전송하니라" (사도행전 30:36-38)

그렇게 밀레도를 떠난 바울은 고스를 지나 로도로 갑니다. 그리고 바다라를 경유하여 수리아 두로에 이르게 됩니다. 바울은 두로에서 일주일을 머물게 되는데, 그곳에서 성령의 감동을 받은 제자들이 바울을 찾아왔습니다.

> "제자들이 찾아 거기서 이레를 머물더니 그 제자들이 성령의 감동으로 바울더러 예루살렘에 들어가지 말라 하더라" (사도행전 21:4)

제발 예루살렘으로 가지 말라는 것입니다. 제자들은 예루살렘에 가면 큰일을 당하게 될 것이니, 발걸음을 돌리라고 만류했습니다. 그러나 바울은 일사각오의 결심을 굽히지 않았습니다.

> "서로 작별한 후 우리는 배에 오르고 그들은 집으로 돌아가니라 두로를 떠나 항해를 다 마치고 돌레마이에 이르러 형제들에게 안부를 묻고 그들과 함께 하루를 있다가 이튿날 떠나 가이사랴에 이르러 일곱 집사 중 하나인 전도자 빌립의 집에 들어가서 머무르니라" (사도행전 21:6-8)

가이사랴에는 초대 교회 일곱 집사 가운데 한 명인 빌립이 살고 있었습니다. 빌립에게는 결혼하지 않은 네 명의 딸이 있었는데, 모두 예언을 했습니다. 바울은 빌립의 집에 여러 날 머물렀는데, 그때 유대에서 아가보라고 하는 한 예언자가 찾아왔습니다.

> "우리에게 와서 바울의 띠를 가져다가 자기 수족을 잡아매고 말하기를 성령이 말씀하시되 예루살렘에서 유대인들이 이같이 이 띠 임자를 결박하여 이방인의 손에 넘겨주리라 하거늘" (사도행전 21:11)

아가보는 바울의 허리띠로 자신의 손과 발을 묶고 말했습니다. '이 허리띠의 주인은 예루살렘에서 이렇게 결박을 당해 이방인에게 넘겨질 것입니다.'

그 말을 들은 사람들이 바울에게 제발 그곳에 올라가지 말라고 이야기했습니다. 그냥 이야기했겠습니까? 그들은 울며 매달렸고, 어떻게 해서든 바울이 그곳으로 가는 것을 막으려 했을 것입니다.

> "바울이 대답하되 여러분이 어찌하여 울어 내 마음을 상하게 하느냐 나는 주 예수의 이름을 위하여 결박당할 뿐 아니라 예루살렘에서 죽을 것도 각오하였노라 하니 그가 권함을 받지 아니하므로 우리가 주의 뜻대로 이루어지이다 하고 그쳤노라" (사도행전 21:13-14)

수많은 제자들이 바울이 예루살렘으로 가는 것을 말렸지만, 바울은 포기하지 않았습니다. 오히려 그는 제자들에게 '왜 울며 마음을 아프게 하느냐, 나는 주 예수의 이름을 위하여 결박을 당할 뿐 아니라 죽을 것도 각오했다.'라고 말합니다. 복음을 위해서라면 목숨도 아끼지 않는 일사각오의 신앙, 그것이 바로 바울의 신앙이었습니다.

일사각오의 신앙이 있는가

복음을 전하는 삶이 쉽습니까? 복음을 삶으로 살아내며, 전하는 삶은 결코 쉽지 않습니다. 타협하고 싶고, 피하고 싶은 상황을 자주 만나게 됩니다. 때로는 복음 때문에 피해를 당하고, 손해를 보기도 합니다. 억울한 상황을 만나기도 합니다. 그럴 때 우리는 너무 쉽게 복음을 위한 삶을 피해버리는 것이 아닌가 싶습니다. 참으로 일사각오의 신앙을 찾아보기 힘든 시대가 되었습니다.

바울 사도의 모습을 보십시오. 결박을 당하는 것은 고사하고 죽을지언정 복음을 위한 길에서 돌아서지 않겠다고 말합니다. 죽음을 각오한 사람을 막을 수 있는 것은 아무 것도 없습니다. 일사각오의 신앙을 가진 자, 그에게는 감당치 못할 시험이 없고, 그를 넘어뜨릴 고난과 위기도 없습니다. 그는 무슨 일이든 할 수 있습니다.

어떤 일을 할 때, 벌을 받을까봐 두려워서 하는 사람과 좋아서 하는 사람 중 누가 더 일을 잘 할까요? 당연히 좋아서 하는 사람일 것입니다. 좋아서 하는 사람보다 더 잘 하는 사람은 어떤 사람일까요? 즐기면서 하는 사람입니다. 그는 행복을 느끼며 하기에 잘 할 수밖에 없고 좋은 결과를 만들어낼 수밖에 없습니다.

일을 즐기며 하는 사람보다 더 잘 하는 사람도 있습니다. 그것은 바로 그 일에 미친 사람일 것입니다. 그는 다른 것에 관심을 두지 않습니다. 오직 그 일에만 몰두하며 온 정신과 에너지를 쏟습니다. 그런데 그런 사람보다 더한 사람이 바로 죽기를 각오하고 하는 사람입니다. 일사각오로 임하는 사람은 아무도 막지 못합니다.

바울이 그랬습니다. 그는 일사각오의 태도로 복음을 전했습니다. 성경 속에 주님의 제자들은 다 그렇게 복음을 전했습니다. 예수 그리스도의 이름을 위하여 일사각오의 삶을 살았습니다.

세상이 감당치 못하는 사람들

> "그들은 내 목숨을 위하여 자기들의 목까지도 내놓았나니 나뿐 아니라 이방인의 모든 교회도 그들에게 감사하느니라" (로마서 16:4)

바울이 로마 교회에 있는 성도들에게 보내는 편지의 마지막 부분에 한 부부를 소개합니다. '브리스길라와 아굴라'입니다. 이 부부는 학식이 많지 않았습니다. 가난했습니다. 천막을 만들어서 생계를 이어갔습니다. 그런데 이 부부는 복음을 전하는 바울을 위해 자기들의 목까지도 내놓았습니다. 복음을 위해 일사각오의 삶을 살았다는 것입니다.

빌립보 교회의 에바브로 디도를 기억하실 것입니다. 그 역시도 복음을 위해 일사각오의 삶을 살았던 사람입니다. 바울이 2차 전도 여행 때 세운 빌립보 교회의 성도들이 로마 감옥에 갇혀있는 바울을 위해 후원금을 준비해서 에바브로 디도 편으로 보냈습니다.

그런데 에바브로 디도는 로마에 도착해 바울을 섬기던 중 병이 났습니다. 바울은 그를 다시 빌립보로 돌려보내 치료를 받게 했고, 그 편으로 편지를 보냈습니다. 그 편지가 바로 빌립보서입니다. 거기에 에바브로 디도에 대한 내용이 나옵니다.

> "그가 그리스도의 일을 위하여 죽기에 이르러도 자기 목숨을 돌보지 아니한 것은 나를 섬기는 너희의 일에 부족함을 채우려 함이니라" (빌립보서 2:30)

에바브로 디도는 자신의 목숨이 위태한 지경에 이르렀음에도 불구하고 바울을 섬겼습니다. 자신의 목숨을 돌아보지 않고 복음을 위해 헌신한 것입니다.

히브리서 11장은 믿음장입니다. 이른바 믿음의 영웅들이 다 나열되어 있습니다. 그런데 그들의 삶은 결코 녹록치 않았다는 것을 알 수 있습니다.

> "또 어떤 이들은 희롱과 채찍질뿐 아니라 결박과 옥에 갇히는 시험도 받았으며 돌로 치는 것과 톱으로 켜는 것과 시험과 칼에 죽는 것을 당하고 양과 염소의 가죽을 입고 유리하여 궁핍과 환난과 학대를 받았으니"
> (히브리서 11:36-37)

그들은 믿음 때문에 희롱 당하고, 채찍에 맞았습니다. 옥에 갇히고 돌에 맞아 죽고, 톱과 칼로도 죽임을 당했습니다. 양과 염소의 가죽을 입혀 사막으로 보내 가죽이 오그라들어 죽게 만드는 처참한 형벌을 받았습니다. 그런데 그럼에도 불구하고 그들은 복음을 위해 목숨을 초개처럼 버리며 믿음을 지켰습니다.

성경은 그들을 '세상이 감당치 못하는 사람들'이라고 말씀합니다. 세상이라는 그릇에 담기에는 너무도 큰 사람, 그 시대에는 담아낼 수 없는 위대한 사람이라는 것입니다. 복음을 위해 일사각오로 살아가는 사람은 세상 위에 있는 사람입니다. 세상은 감히 그 삶과 사상을 받아낼 수 없는 큰 사람입니다.

오늘날 우리는 과거 믿음의 선조들처럼 목숨의 위협을 받으며 신앙생활 하는 것은 아닙니다. 어쩌면 그래서 일사각오의 신앙이 필요하다는 말이 피부로 와 닿지 않을지도 모르겠습니다. 그러나 주변을 잘 살펴보십시오. 성경적 가치관을 부정하는 사상들이 난무하고 있습니다. 기독교 신앙을 위협하는 정책과 법이 제정되고 있습니다.

대표적으로 동성애와 동성혼 같은 경우를 들 수 있을 것입니다. 남성과 여성, 단 두 가지의 성을 인정하는 성경과는 달리 수많은 성이 있다고 말하고 동성 간의 사랑을 인정해 달라고 합니다. 남성과 여성으로 이루어지는 가정이 아닌 동성끼리 혼인하여 가정을 이루겠다고 합니다.

동성애를 선호하는 사람들은 그것이 성적 성향이 다른 것이라고 주장합니다. 보호받고 존중받아야 할 인권이라고 말합니다. 그러나 성경은 동성애가 단순한 성향의 문제가 아니라 죄의 문제라고 단호하게 말씀합니다.

어디 동성애뿐입니까? 오늘날 우리가 살아가는 이 시대 속에 성경의 가치관을 대적하는 사상들이 얼마나 많습니까? 그런 세상 속에서 우리는 목숨을 걸고 성경이 진리라는 사실을 고수해야 합니다. 일사각오가 아니고는 불가능합니다.

일사각오는 자기를 포기하는 것

일사각오를 다른 말로 하면 '자기 포기'라고 할 수 있습니다. 내가 믿는 신앙을 위해서, 내가 섬기는 하나님을 위해서, 존귀하신 주님의 이름을 위해서 내가 소중하게 여기는 것을 포기하는 것입니다.

사람들은 저마다 중요하게 여기는 가치와 목표를 위해 목숨을 걸고 살아갑니다. 어떤 사람들은 돈을 위해서, 어떤 사람은 쾌락을 위해서, 어떤 사람들은 사람에게 인정받고 사랑받기 위해서, 어떤 사람들은 명예와 권력을 위해서, 어떤 사람들은 자기가 원하는 것을 얻기 위해서 자기의 소중한 시간을 들이고 물질을 들이고 마음을 씁니다.

그런데 그저 남들보다 조금 더 잘 살고, 조금 더 좋은 대학 가고, 조금 더 좋은 직장 얻고, 조금 더 높은 지위에 올라가려는 목적으로만 산다면 진짜 그리스도인이라 할 수 없습니다.

존 파이퍼 목사님은 수많은 그리스도인들에게 'Don't waste your life(너의 인생을 낭비하지 말아라)' 라고 도전하셨습니다.

그렇습니다. 자신의 만족과 유익을 위한 삶을 살다 가는 인생이 아니라, 하나님이 살라고 하신 인생을 살다 가는 우리의 삶이 되어야 합니다. 손해를 보고 오해를 받고 수치를 당해도 하나님이 살라고 내게 주신 삶을 살기 위해 자기를 포기할 수 있는 사람이 되어야 합니다.

나로 살던 모습을 버리고 그리스도로 옷 입고 사는 삶을 인생의 목적으로 삼고 살 때 우리는 일사각오의 삶을 살 수 있습니다.

우리는 예수님께서 당신의 목숨을 값으로 지불하고 사신 사람들입니다. 하나님은 우리를 보실 때 예수님의 가치만큼 여겨주십니다. 그것이 우리의 존재 가치입니다. 그에 합당한 삶을 살아야 합니다. 예수님처럼 살아야 합니다. 그럴 때 우리의 삶은 세상이 감당할 수 없는 삶이 될 것입니다. 하나님의 사람으로 인정받고, 수많은 사람들에게 도전을 주는 삶을 살 것입니다.

> "이제 내가 사람들에게 좋게 하랴 하나님께 좋게 하랴 사람들에게 기쁨을 구하랴 내가 지금까지 사람들의 기쁨을 구하였다면 그리스도의 종이 아니니라" (갈라디아서 1:10)

바울은 사람들에게 잘 보이고 인정받는 삶이 아니라, 하나님께 인정받는 삶을 살았습니다. 우리가 살아야 할 삶도 마찬가지입니다. 복음의 사람은 사람의 시선을 의식하지 않습니다. 세상이 요구하는 기준을 충족하기 위한 삶을 살지도 않습니다. 오직 하나님께서 나를 어떻게 보시느냐에 관심을 두고 살아갑니다. 하나님의 기준대로 살아갑니다.

주기철 목사님께서 순교 직전에 남기신 설교에 나오는 기도 제목을 보면 일사각오의 다짐을 엿볼 수 있습니다.

'죽음의 권세를 이기게 하여 주옵소서.'

'장기간의 고난을 견디게 하여 주옵소서.'
'노모(老母)와 처자(妻子)를 주님께 부탁합니다.'
'의에 살고 의에 죽도록 하여 주옵소서.'
'내 영혼을 주님께 부탁합니다.'

신앙생활은 결코 취미로 할 수 없습니다. 뜨겁지도 차갑지도 않은 미지근한 신앙으로는 하나님의 역사를 볼 수 없습니다. 목숨을 걸고 예배하고, 목숨을 걸고 복음을 전할 때 하나님의 역사를 경험할 수 있습니다.

일사각오의 다짐이 필요합니다. 복음을 위해, 예수 그리스도를 위해 내 생명을 아끼지 않고 드리겠다는 결단을 내리십시오. 그리고 삶을 모두 드리십시오. 우리 모두는 언젠가 인생의 막을 내리고 하나님 앞에 서게 될 것입니다. 어느 누구도 예외는 없습니다. 바로 그때 하나님 품에 안겨 기쁨과 보람의 눈물을 흘릴 수 있도록 오늘 복음을 위한 일사각오의 신앙인으로 살아갑시다.

'일사각오로 사는 세상'에 대해 생각해보기

01. 어떤 일을 이루기 위해 비상한 각오를 해본 경험이 있습니까? 경험을 나눠보세요.

02. 사명을 완수하기 위해 바울이 보여준 태도는 무엇입니까?(행 21:13-14)

03. 히브리서 11장에 기록된 믿음의 영웅들은 어떤 삶을 살았습니까?

04. 좀 더 진지한 신앙생활을 위하여 결단해야 할 것은 무엇입니까?

* 암송 구절 – 갈라디아서 1:10